लोग
जो मुझमें रह गए

यायावरी आवारगी
की दूसरी कड़ी

लोग

जो मुझमें रह गए

अनुराधा बेनीवाल

सार्थक
राजकमल प्रकाशन का उपक्रम

ISBN : 978-93-92757-32-7

मूल्य : ₹299

पहला संस्करण : जून, 2022
दूसरा संस्करण : जुलाई, 2023
तीसरा संस्करण : अक्टूबर, 2025

सार्थक
राजकमल प्रकाशन का उपक्रम

प्रकाशक
राजकमल प्रकाशन प्रा.लि.
1-बी, नेताजी सुभाष मार्ग, दरियागंज
नई दिल्ली-110 002

शाखाएँ
अशोक राजपथ, साइंस कॉलेज के सामने, पटना-800 006
पहली मंजिल, दरबारी बिल्डिंग, महात्मा गांधी मार्ग, प्रयागराज-211 001
1, अनमोल सोराबजी सन्तुक लेन, धोबी तलाव, मरीन लाइंस, मुम्बई-400 002
वेबसाइट : www.rajkamalprakashan.com
ई-मेल : info@rajkamalprakashan.com

मुद्रक
यश प्रिंटोग्राफिक्स
नोएडा-201 301 (उत्तर प्रदेश)

LOG JO MUJHAMEIN RAH GAYE
Travelogue by Anuradha Beniwal

मेरी सारी बेबे—
निस्सा, पिंकी, चीनू, आशु, अंकु, मंकू, छोट्टी, रिन्ना को

मेरी सारी बुआओं—
गुड्डी, बाल्ला, सिल्लो, बेद्दो, असमंती को

मेरी सारी मौसियों—
बबली, राजेस को

माँ को

और सबसे ज़्यादा समीर को
—तुमने कहा था—
Doll, you will not write one but many many books.

क्रम

भूमिका

पूरी दुनिया घूमकर भी घर नहीं छूटता। घर वह धुरी है, जिस पर पूरी दुनिया घूमती है। जैसे दुनिया-भर के दुख देख-सुन लेने के बाद भी निजी दुख ही सबसे ज़्यादा परेशान करता है, दुनिया-भर की ख़ुशियाँ जानकर भी निजी ख़ुशी ही मन को आधेक सुहाती है।

हर शहर में मेरे गाँव की ही गलियाँ हैं, हर मोड़ पर पुराने बरगद वाला वह चौराहा है, धूप के हर क़तरे में दादी की खाट है, हर पार्क में थोड़ी मेरे गाँव की माटी है, हर बाज़ार में पूर्णमासी का मेला है, हर मॉल में झोली-भर अनाज के बदले बीस मीठी गोळियाँ हैं, हर कैफ़े में साँझ आळी रोटी-चा है, हर रेस्तराँ में हारे की खिचड़ी और हर क्लब में सामण के गीत और भाभी का घमोड़ा है। मैं कहीं भी जाऊँ, मेरा गाँव मेरे साथ चलता है। वहाँ के लोग मेरे साथ चलते हैं। उनकी कही बातें, उनकी सुनाई कहानियाँ, उनके जिए सुख, उनके सहे दुख मेरे साथ चलते हैं...कभी मेरी हिम्मत बनकर, कभी

मेरी कमज़ोरी तो कभी मेरे सवाल बनकर...

क्यों पिंकी का पति उसे बालकनी में खड़ी नहीं होने देता? क्यों उसे काले कपड़े पहनने पर मार पड़ती है? उसने हमेशा घरवालों की सुनी। जहाँ तक पढ़ाया, पढ़ी। जो पहनने को दिया, पहना। जिससे कहा, शादी कर ली। सत्रह साल की उम्र में माँ बन गई। फिर लड़के के लिए दूसरा बच्चा भी पैदा किया। कहाँ चूक हो गई उससे? घर वालों की सुननी थी या नहीं? ब्याह करना था या नहीं? बच्चे पैदा करने थे या नहीं? क्या ग़लती हुई? उसका सवाल मेरे साथ चलता है, "ए बेबे, बेरा ना कुणसे कर्म का फळ मिलण लाग र्‌या सै?"

निस्सा का तो इतना बुरा हाल नहीं था। उसे ख़ुद पढ़ने का शौक़ नहीं था तो घरवालों ने बड़ी बहन के साथ निपटा दिया। क़िस्मत से पति भी मारने-पीटने वाला नहीं निकला। एक-दो चट्‌टू तो गिनती में भी नहीं आते। दो लड़कियाँ पैदा हुईं तो भी घरवालों ने ज़्यादा ज़ोर नहीं डाला लड़का पैदा करने के लिए। सास-ससुर के अलावा ननद, देवर की सेवा भी ख़ूब मन लगा के करी, कभी ससुराल की शिकायत घर नहीं लेकर गई। कभी किसी लड़ाई पर घरवाले नहीं बुलाए, कभी पंचायत नहीं इकट्‌ठी की। फिर क्यों उसे पाँच गाँवों की पंचायत के सामने अकेले खड़ा होना पड़ा? क्यों उसे अपनी शादी बचाने के लिए खुले में दुनिया के सामने लड़ना पड़ा? आपको पता है, हरियाणा में रिवाज़ है 'लत्ता उढ़ाने' का? पति मर जाए तो घर के ही किसी आदमी से ब्याह दिया जाता है उसकी विधवा को। चाहे आदमी पहले से शादीशुदा हो। न उसकी बीवी से पूछा जाता है, न ब्याही जाने वाली लड़की से। पंचायत में बैठे लोग निर्णय

लेंगे। उन पंचों में एक भी औरत नहीं होगी! उससे कहाँ चूक हुई? वह क्यूँ मजबूर हुई भरी पंचायत में ये पूछने को, "यहाँ बैठा कोई एक आदमी अपनी बीवी एक रात के लिए बाँट के दिखाए, फिर मैं पूरी उम्र पति बाँटने को तैयार हूँ।" पहले घरवालों की मानी, फिर ससुरालवालों की; आज सबके ख़िलाफ़ उसे भी खड़ा होना पड़ा।

उसका साहस मेरे साथ चलता है, "ए बेबे, के बताऊँ मैं जम्मा भी नहीं डरी! मन्ने बेरा था अक चाहे आड़े मरणा हो, चाहे मारणा हो, बस अपने ख़सम का दूसरा ब्याह मैं होण नहीं देउँ! बेरा नहीं मेरे अन्दर इतनी ताक़त कित तै आगी! मैंने हमेशा बड्डयाँ आगे घूँघट करा सै, अर कदे किसे गेल बिना काम नहीं लड़ी, लेकिन उस दिन तो न्यू होग्या जणू मैं झाँसी की राणी सूँ!"

मेरी बुआ की बेटियाँ, गाँव की मेरी सहेलियाँ, मेरी काकी, मौसी, मामी—सब मेरे साथ चलती हैं। जहाँ-जहाँ मैं जाती हूँ, वहाँ-वहाँ वे भी होती हैं। वे सवाल पूछती हैं। मैं उनके सवाल लिखती हूँ। क्या है यह दुनिया? क्या सही है यहाँ, क्या ग़लत? समाज के कौन-से नियम मानने हैं? किन नियमों से लड़ जाना है? अपनी सुननी है या अपनों की? कौन-से रिवाज़ निभाने हैं, किन पर सवाल करने हैं? क्या जो सही है, वही सही है? या जो सही नहीं है, वह भी सही हो सकता है? इन नियमों के परे जीवन क्या है? कैसा है? क्या पूरी दुनिया के नियम एक जैसे हैं? नहीं हैं तो क्यों नहीं? क्या तुम्हारा सही मेरा ग़लत हो सकता है? या मेरा सही तुम्हारा ग़लत? फिर तो हर ग़लत सही भी हो सकता है और हर सही भी ग़लत!

मैं दुनिया के अलग-अलग कोनों में हर तरह के लोगों से मिली हूँ। उनके ग़लत-सही, रीति-रिवाज़ों के बारे में जानने की कोशिश

की है। कैसे एक देश में अनैतिक समझी जाने वाली चीज़ किसी दूसरे देश की संस्कृति हो सकती है। दुनिया का कोई भी कोना ऐसा नहीं, जहाँ इनसान प्रेम ना चाहता हो। कोई ऐसी जगह नहीं जहाँ धोखे को अच्छा माना जाए और करुणा को बुरा। दुनिया में ब्याह करने के चाहे पचीस हज़ार तरीक़े हों, ब्याह में प्रेम हर कोई ढूँढ़ता है। एक से सम्बन्ध बनाओ या हज़ार से, दुनिया में अलग-अलग नियम-क़ानून हैं, लेकिन हर सम्बन्ध में एक-दूसरे का आदर हो—यह पूरी दुनिया में कॉमन है। घरों के डिज़ाइन हज़ारों होंगे, लेकिन घर क्या है, उसकी परिभाषा पूरी दुनिया में एक ही है। हर कोई साथ चाहता है, प्रेम चाहता है, चैन चाहता है, बाक़ी के नियम; क़ानून, सरकार, समाज और राजनीति हैं, बदलते रहते हैं अपनी सुविधा के हिसाब से, बदलते रहने चाहिए।

*

इस किताब में वे लोग हैं जो दिखते चाहे हमसे अलग हैं, बसते हमसे बहुत दूर हैं, खानपान-पहनावा भले उनका हमसे अलग है, लेकिन हैं बिलकुल हमारे जैसे ही। ये वे लोग हैं जो मेरी यात्राओं में मुझसे मिले, मुझमें रह गए, मुझे बदल गए। इस किताब को लिखना मुझे ज़रूरी लगा, उन धारणाओं को तोड़ने के लिए जो हमने औरों के लिए बना ली हैं। बिना उनसे मिले, बिना उन्हें जाने। यह किताब उन सब जजमेंट्स को तोड़ने की कोशिश है—वेस्ट ऐसा होता है, गोरे ऐसे होते हैं, काले ऐसे होते हैं, जवान लड़कियाँ ऐसी होती हैं, ईसाई ऐसे होते हैं, मुसलमान वैसे होते हैं।

भूमिका

मैं जैसे-जैसे दुनिया घूमती गई, अलग-अलग देशों में फिरती गई, नए-नए लोगों से मिलती गई, वैसे-वैसे दुनिया छोटी और अपनी होती गई। सब तरह के लोगों से मिलकर मैंने जाना कि जो एक चीज़ सब चाहते हैं, वह है प्रेम; और प्रेम ही आज़ादी है।

*

पहली किताब 'आज़ादी मेरा ब्रांड' लिखने के बाद मुझे लगा था कि अब तो मैं हर साल अपने ट्रैवेल्स के बाद एक किताब लिख सकती हूँ। लेकिन दूसरी किताब सँजोने में मुझे पाँच साल लग गए! ऐसा नहीं है कि मैंने कोशिश नहीं की या यात्राएँ नहीं कीं, लेकिन मेरे पास कुछ कहने को जैसे था ही नहीं। पहली किताब में मैंने सब कह दिया था। उसे लिखने के बाद मैंने ख़ुद को ख़ाली पाया और जब तक मेरे पास कहने को कुछ नहीं होता, मैं क्या और कैसे लिखती? यहाँ गई, वहाँ गई—वाली लिखाई मुझसे नहीं हो पाई। मेरी किताबें घूमने की ज़रूर हैं, लेकिन सिर्फ़ साइट-सीन्स की नहीं हैं। ये यात्रा करते हुए मेरे अन्दर हुए बदलावों की हैं, ये लोगों को देखने और सुनने की हैं, ये उन्हें जानने और समझने की कोशिश की हैं। मैं पाँच साल तक लगातार हर साल अलग-अलग देशों में घूमती रही। मैंने यूरोप के लगभग सभी देश देख लिये और थोड़ा-सा रूस भी, अमरीका के ईस्ट और वेस्ट कोस्ट का भी चक्कर लगाया और अपने देश को भी और बेहतर जानने की कोशिश की। यह किताब मेरी इन्हीं पाँच साल की यात्राओं से निकली है।

यह किताब मैंने तब लिखी, जब लगा कि अब शायद मैं अपने

पढ़ने वालों को कुछ नया दे पाऊँगी। अब मैं चाहती हूँ कि हरियाणा के गाँव की लड़कियाँ पढ़ें रूसी लड़कियों के बारे में, पंजाब के कपल्स जानें लुथवियन कपल्स को। दिल्ली के लड़के पढ़ें नॉर्वे के लड़कों की कहानियाँ, और हमारी संस्कृति जाने और संस्कृतियों को भी।

'लोग जो मुझमें रह गए' संस्कृतियों के इस संवाद को बढ़ाने की एक कोशिश है।

अब यह आपकी किताब है, इसमें जो सवाल हैं, वे अब आपके सवाल हैं...

—अनुराधा बेनीवाल

१

माँ और 'मसीहा'

मादरा की चीख़ें घर की दीवारें बींधकर आँगन में गूँज रही थीं। सुनने वाले सब सकते में आ गए थे। बाहर चहचहाती-चिड़ियाँ तक मादरा की चीख़ें सुनकर जैसे चुप हो गई थीं। उसके दर्द में माँ-माँ दोहराने के अलावा जैसे कोई और आवाज़ बची ही नहीं थी। बस, कार्ली ग़ुस्से में फुफकारता इधर-उधर डोल रहा था। मादरा की हर चीख़ के साथ कार्ली की गालियाँ भी ऊँची होती जा रही थीं—"कोई इतना बेवकूफ़ कैसे हो सकता है! कुत्ते का बच्चा! मामा हो या कोई हो, उसे तो मैं छोड़ूँगा नहीं!" अन्दर एग्नेस मादरा को अपने सीने में ऐसे भींचे हुए थी, जैसे उसका दर्द अपने भीतर सरका रही हो।

यह सब हो रहा था 2016, जुलाई की एक दोपहर, लात्विया की राजधानी रीगा में।

एग्नेस मादरा को ग़ुसलख़ाने ले गई और उसके पाँव पर बर्फ़ीला पानी उड़ेलने लगी। मैं उसकी बग़ल में बैठकर पानी में बर्फ़ घोलने

लगी। मादरा को उसके मामा ने 'मज्जी' देने के लिए अपनी बाइक पर बिठाया था तभी उसके पाँव से बाइक का गरम साइलेंसर सट गया। बच्ची की पिंडली की कोमल खाल उतर गई थी। एग्नेस अपने भाई पर ग़ुस्सा करे, चीख़े, इतना वक़्त नहीं था उसके पास; अभी उसे दर्द ने घेर रखा था। धीरे-धीरे मादरा की चीख़ें रोने में बदल गईं और रोना सिसकियों में ढल आया। वह रोते-रोते इस हद थक गई थी कि उसकी आँखें झपकने लगीं; लेकिन जैसे ही एग्नेस पानी डालना बन्द करती, मादरा दर्द के मारे कराहने लगती। उसको अपनी गोद में लिये एग्नेस एक हाथ से उसे थपकियाँ दे रही थी, दूसरे हाथ से उसके जले पर ठंडा पानी उड़ेल रही थी। वक़्त जैसे बहुत लम्बा हो गया था!

*

मैं इस साल पूर्व-सोवियत देश और रूस घूमने निकली थी। लात्विया, लिथुआनिया और एस्टोनिया—जिन्हें बाल्टिक देश भी कहा जाता है—ऐसे देश थे, जिनके बारे में मुझे ज़्यादा कुछ पता नहीं था, सिवा इनके एक्स-सोवियत होने के। जब रूस टूटा तो कई सारे छोटे देश बन गए। पहले ये सब रूस थे, अब ये रूस नहीं रहे; बस इतना ही जानती थी। इन देशों की अपनी क्या पहचान है, इनकी आज़ादी की लड़ाई, इनका अपनी आइडेंटिटी बनाने का संघर्ष—इसके बारे में न मुझे कभी पता चला, न ही मैंने कभी ज़्यादा जानने की कोशिश की। इस बार मैं यहीं आ गई, यह सोचकर कि शायद कुछ जान पाऊँ इन देशों के बारे में क्योंकि इनके इतिहास और आज के पॉलिटिकल,

सोशल कॉन्टेक्स्ट के बारे में इंटरनेट पर ज़्यादा कुछ है नहीं। एक तरफ़ रूसी प्रोपेगंडा है, दूसरी तरफ़ वेस्ट का प्रोपेगंडा। इनका ख़ुद का क्या स्टैंड है, यह जानने के लिए तो यहीं आना पड़ेगा और किसी लोकल के साथ रुकना होगा। होटलों से सिर्फ़ नदी, पहाड़, पार्क, इमारतों तक रास्ता जाता है, लोकल लोगों के दिलो-दिमाग़ तक का रास्ता उनके घरों में जाने-रहने से मिलता है। रूस से अलग होकर अब ये क्या सोचते हैं, ख़ुद के वजूद को कैसे महसूस करते हैं, क्या खोया-क्या पाया-क्या रह गया—यह सब तो जीते-जागते लोग ही बता पाएँगे, म्यूज़ियम नहीं।

रीगा शहर इतना महँगा नहीं है। बढ़िया हॉस्टल में कमरे भारतीय करेंसी में दो हज़ार रुपए तक में मिल जाते हैं। वैसे मुझे होस्ट मिलने में भी कोई ज़्यादा परेशानी नहीं हुई। बस, यह नहीं पता था कि इस छोटे-से शहर में मुझे दो घंटे से ज़्यादा लगेंगे अपने होस्ट कार्ली के घर पहुँचने में। वह शहर के बाहर, दूसरे ही कोने पर रहता था। मैं किसी तरह कई बसें बदलकर, ख़ूब सारा पैदल चलकर, देर से पहुंचने की माफ़ी माँगते, रात ग्यारह बजे के क़रीब उसके घर पहुंची। देरी से पहुँची थी, लेकिन बड़ी दूर से आई थी तो सोच रही थी कि शायद चाय के लिए पूछा जाएगा, फिर कई तरह के सवाल होंगे—कहाँ से आई हो, कहाँ जाओगी, शहर देखने के क्या प्लान हैं, खाना खाया क्या—और भी ढेर सारी बातें जो ज़्यादातर लोग करते हैं, जब अपने घर किसी को रहने के लिए बुलाते हैं।

वहाँ मेरे पहुंचने तक अँधेरा हो चला था। हालाँकि यहाँ गर्मियों में सूरज देर तक नहीं ढलता, लेकिन दस-साढ़े दस बजे तक रोशनी कम होने लगती है। जब पहुँची तो मेरे अलावा कई सारे और मेहमान

पहले से मौजूद थे। घर में घुसते ही दाईं तरफ़ रसोई थी, जिसका दरवाज़ा या तो हमेशा खुला रहता था या था ही नहीं; जैसा मुझे ध्यान है, मैंने उसे कभी बन्द नहीं देखा। सब जन रसोई में बैठ पत्तों का कोई खेल खेल रहे थे। मुझे देखकर सबने एक ठंडा-सा 'हैलो' कहा। कार्ली ने मेज़ से उठे बिना ही मुझे दरवाज़े की बाईं तरफ़ वाले कमरे में अपना बैग रखने को कहा। कमरे में कई सारे बैकपैक्स पहले से थे, जो गद्दों पर सिरहाने की जगह रखे थे। कोने के एक ख़ाली गद्दे पर मैं अपने बैग के साथ निढाल पड़ गई। बैग कन्धे पर ही अटका रहा। आँखों में आँसू लरज आए।

मुझे अकेले घूमते काफ़ी समय हो गया है। अकेले होने ने मुझे कभी परेशान नहीं किया, न घर में न बाहर। मेरे लिए अकेला होना कभी उदासी का पर्याय नहीं रहा, लेकिन ऐसा भी नहीं है कि मुझे उदासियों से परहेज़ है। एक गहरी उदासी में एक उथली हँसी से कहीं ज़्यादा सुख है। लेकिन यह उदासी अलग है, यह है एक्सपेक्टेशंस के टूटने की। इनसान का इनसान के साथ स्वभाव कैसा होना चाहिए—यह उदासी है उस आशा के चटकने की; या शायद मेज़बान को मेहमान के साथ कैसा बर्ताव करना चाहिए, मेरे इस स्टीरियोटाइप पर उठते सवाल की—"क्या मुझे इतनी दूर रुकने आना चाहिए था?" यह उदासी है, अपने निर्णय के ग़लत हो सकने की सम्भावना की; या हो सकता है, यह उदासी महज़ एक कप चाय के न मिलने की हो और कुछ दयालु शब्द शायद इसे फ़ौरन भगा दें। मैं वहाँ बैठी मनाती रही कि शायद अभी कोई आकर मुझे चाय का एक कप पकड़ा देगा, मुझसे पूछ लेगा मेरा हालचाल, या देख लेगा मुझे एक बार; और बस छूमंतर हो जाएगी यह उदासी। समय बीतता

रहा, कोई नहीं आया। अब मेरी उदासी ज़िद में बदलने लगी—मैं यहाँ से उठूँगी ही नहीं! अभी के अभी चली जाऊँगी वापस शहर! ज़िद्द पछतावे में बदलने लगी और मैं ख़ुद को कोसने लगी—इससे अच्छा तो किसी हॉस्टल में ही रुक जाती। इतनी दूर किसलिए आई! पछतावे को बेबसी में बदलते देर नहीं लगी—इतनी रात को वापस कैसे जाऊँगी? जाकर भी कहीं कोई ठिकाना मिलेगा कि नहीं, क्या मालूम! यही सब सोचते-सोचते मेरा दिल बैठ गया और मैं वहीं, एक जगह, जाने कब तक बैठी रही...

*

अगले दिन सुबह जल्दी उठी तो एग्नेस और मादरा से मुलाक़ात हुई। एग्नेस ऑफ़िस जाने से पहले मादरा को जल्दी-जल्दी कुछ खिला रही थी। कार्ली भी आसपास ही था। एग्नेस के जाने के बाद मैं मादरा के साथ बैठ गई और उसके साथ खेलने-बतियाने की कोशिश करने लगी। रात की उदासी के बाद इस बच्ची से मेरा जुड़ाव जैसे और भी ज़रूरी हो गया था। शुरुआत में तो उसने भी मुझसे बात करने में ख़ूब दिलचस्पी दिखाई। मुझे उसकी भाषा नहीं आती थी, यह बात शायद उसे मज़ेदार लगी हो। मैं दिखती भी अलग थी। वह पहली बार किसी भारतीय को देख रही थी। उसे मेरे हाव-भाव, भाषा, कपड़े, रंग, शक्ल, जाने क्या दिलचस्प लगा कि वह मेरे साथ अनबूझ भाषा के बावजूद बतियाती रही।

मुझे पाँच बरस से कम उम्र वाले बच्चे बेहद पसन्द हैं, लेकिन तीन से चार बरस के बीच वाली जो उम्र होती है, जब वो नया-नया

बोलना सीखते हैं, वहाँ तो मेरा दिल बस अटक जाता है। मैं घंटों उनके साथ खेल सकती हूँ...उनके खेलों में शामिल हो सकती हूँ...मैं सच में तीन बरस की हो सकती हूँ! मेज़ के नीचे संसार बसा सकती हूँ...ख़ाली हथेली में हलवा चख सकती हूँ...बदतमीज कबूतरों को बीट करने पर डाँट सकती हूँ...गोल-गोल घूमकर रेल चला सकती हूँ...पानी में छपाक-छपाक कूद सकती हूँ...एक ही शब्द को बार-बार दोहराकर ख़ुश हो सकती हूँ...

बीती रात के बाद सुबह मादरा का होना मरहम जैसा था, लेकिन वह ज़्यादा देर मेरे साथ डट नहीं पाई। जब उसे पता चल गया कि मेरी भाषा चाहे अलग है, लेकिन मैं उन्हीं की तरह आम हूँ तो वह जल्दी ही ऊब गई। उसके साथ खेलने की मेरी बेताबी से भी शायद वह उचट गई थी। अब वह मुझ पर और मेहनत नहीं करना चाहती थी। उसे अब अपनी भाषा जानने वाला कोई चाहिए था तो वह बाहर कार्ली के पास चली गई।

*

आज मेरा मन सिर्फ़ शहर घूमने का था, बस एक गली से दूसरी गली छानने का। थोड़ा शहर को पहचानने का, थोड़ा शहरवालों को। काफ़ी सुन्दर शहर है रीगा, पुरानी रंग-बिरंगी इमारतें, छोटी ईंटों से बनी गलियाँ, नदी, खुले पार्क, सेब के पेड़ और शहर के बीच बहती दोगावा नदी। मैं यों ही फ़ोटो खींचती, चलती, ठहरती, सुन्दर दुकानों में झुमके देखती, शाम तक फिरती रही। बेकाम-सा दिन था, लेकिन बेहद आराम देने वाला। मैं थककर चूर हो चुकी थी, लेकिन सुकून

में थी। कुछ देखने-कुछ न देखने का, बहुत चलकर भी कहीं न पहुँचने का, शहर में किसी को भी न पहचानने का—सुकून था। मेरे लिए यही है अकेले घूमने का मतलब, बस यों ही बेतुका-सा दिन बिता पाना, दौड़ से दूर, पहचान से अलग, अपने आप के साथ।

शाम होते-होते मुझे घर पहुँचकर मादरा और एग्नेस के साथ समय बिताने का लालच हो आया। जल्दी पहुँच जाऊँ, दूसरे मेहमानों के आने से पहले तो शायद एग्नेस से बात हो पाए—यह सोच मैं डिनर के समय से पहले ही घर की तरफ़ मुड़ गई। रास्ते में एक इंडियन स्टोर दिखा तो वहाँ से बेसन, हल्दी और कुछ सब्ज़ियाँ ख़रीद लीं और मेट्रो पकड़कर घर पहुँच गई।

एग्नेस दिन-भर ऑफ़िस में रहती थी और घर आने पर भी हमेशा कुछ-न-कुछ कर ही रही होती। वह रसोई में सबके साथ बैठकर गप्प करती, ताश खेलती, मादरा को खाना खिलाती, बोलने पर जवाब में बोल भी पड़ती, फिर भी उसका एक अलगाव था—सबसे! उससे बात करना आसान नहीं लगता था। ऐसे लगता था कि कुछ ज़्यादा पूछने पर वह झिड़क देगी और कहेगी, अपने काम से काम रखो। उसकी पर्सनैलिटी रौबदाब वाली थी, लगता जैसे सब कुछ उसके कंट्रोल में है। कार्ली से बात करना आसान था। उसे अच्छा भी लगता था बात करना, ख़ूब सारा कहना-बताना। सब चीज़ों का ज्ञान था उसे और उसकी अंग्रेज़ी भी अच्छी थी। वह पॉलिटिक्स पर भी बतिया लेता और फ़ेमिनिज़्म पर भी। मुझे जानना सब था—इतिहास भी, राजनीति भी, वीमेन राइट्स के बारे में भी; लेकिन मुझे एग्नेस को सुनना था और बोलता था सिर्फ़ कार्ली!

मैंने इस देश की सशक्त औरतों के बारे में बहुत सुना था—यहाँ

औरतों के पास अधिकार हैं, उन पर शादी करने का कोई दबाव नहीं है, समान काम के लिए समान मेहनताना जैसे क़ानून भी हैं। लेकिन मैं एग्नेस से पूछना चाहती थी उसके जीवन के बारे में। वह क्या सोचती है? क्या बिन शादी बच्चे पैदा करना उसकी पसन्द है? क्या बच्चे के साथ घर बदलना आसान है? उसके लिए प्रेम क्या है? उसके लिए ख़ुद की पहचान कितनी ज़रूरी है? वह क्या बदलना चाहेगी? लेकिन उसके साथ हमेशा कार्ली रहता और कार्ली के साथ उसके जवाब! हम यों ही इधर-उधर की बातें करते रहते।

उस शाम मैंने सबके लिए अदरक वाली चाय बनाई और रात के खाने में बेसन की पकौड़ियों वाली कढ़ी और चावल। रूस के मेहमानों को लगा कि ये मीट बॉल हैं सॉस में, जब मैंने उन्हें बताया कि यह शाकाहारी खाना है तो वे बहुत हैरान हुए। शाकाहारी खाने में भारत के पास जितने विकल्प और स्वाद हैं, उतने पूरी दुनिया में कहीं भी नहीं। दुनिया के ज़्यादातर हिस्से में लोग सब्ज़ियों को सिर्फ़ उबालना जानते हैं, पर हम उन्हें भरने, तलने, सेंकने, भूनने, सीटी मरवाने से लेकर जाने और कितने ही तरीक़ों से बनाते हैं!

*

पहली बार मुझे एग्नेस के साथ कुछ समय मिला ग़ुसलख़ाने में। मादरा की पलकें अब झपकने लगीं। एग्नेस उसके सर को अपनी छाती से चिपकाए उसे सहला रही थी। उस समय हम तीनों एक-दूसरे के बेहद नज़दीक थीं।

"एग्नेस, क्या तुम शादी करना चाहती हो?"

*

मादरा एग्नेस और कार्ली की इकलौती बेटी है। एग्नेस का एक बेटा और है, उसके पहले बॉयफ्रेंड से, जो अभी गर्मियों की छुट्टी में नाना-नानी के घर गया है। मैं परसों रात ही इनके घर आई हूँ। दो कमरों के घर में आठ-नौ लोग घूमने वाले और रुके हैं। एक, जिसमें सब मेहमान हैं। दूसरे में एक मेज़ पर कम्प्यूटर रखा है, एक कुर्सी है, एक कोने में ख़ूब सारे खिलौने पड़े हैं, और कुछ गद्दे तह करके साइड में रखे गए हैं। लगता है, रात को यह परिवार यहीं सोता है। दो बिना दरवाज़ों की अलमारियाँ हैं, जिनमें कपड़े और किताबें हैं। जूते-चप्पल भी यहीं अलमारी के नीचे रखे हैं। इस घर में कुछ भी ठेठ घरों जैसा नहीं है; न कोई सोफ़ा, न कोई ड्रेसिंग टेबल, न परदे, न डबल बेड! बस, रसोई में एक डाइनिंग टेबल रखा है, जिस पर पूरे दिन कोई-न-कोई जमा ही रहता है। डाइनिंग टेबल के पास एक खिड़की है, जिसमें से बाहर गार्डन में लगा सेब का पेड़ दिखता है। इस टेबल पर एक बार बैठ जाऊँ तो मेरा मन कहीं जाने का नहीं करता, लेकिन इतने लोगों के रहते ऐसा मौक़ा कम ही मिलता है। घर में एक ही ग़ुसलख़ाना है, जिसमें कपड़े धोने की एक मशीन भी है। एक बाथ टब है, जिसके चारों तरफ़ कुछ-न-कुछ सामान रखा है। बमुश्किल खड़े रहकर नहाने की जगह है। रसोई में चाय-कॉफ़ी का सामान है, कुछ अलग-अलग देशों के मसाले हैं; और फ्रिज में ठहरे हुए लोगों का सामान। यहाँ कुछ भी इस्तेमाल करने की मनाही नहीं है। यह घर कार्ली की माँ का है, जिसमें वे लोग मामूली-सा किराया देकर रहते हैं। जी हाँ, माँ को किराया। यहाँ यह आम-सी बात है।

रीगा शहर से काफ़ी बाहर निकलकर, एक लाल-सी सरकारी दिखने वाली बिल्डिंग में यह घर है। सब पड़ोसी एक-दूसरे को जानते हैं। ज़्यादातर सोवियत ज़माने के बूढ़े-बुढ़िया लोग यहाँ रहते हैं।

एग्नेस कार्ली से कुछ बड़ी रही होगी। कुछ ही साल पहले वह कार्ली के साथ रहने यहाँ इस घर में आई है। वह एक दफ़्तर में काम करती है तो सुबह निकल जाती है और शाम को आती है। कार्ली दस साल से भी ज़्यादा समय से नेशनल म्यूज़ियम में काम करता आ रहा है, लेकिन ज़्यादातर छुट्टी पर ही रहता है। भारतीय हिसाब से जानें तो महीने की दस-पन्द्रह हज़ार की नौकरी है उसकी, उसको इससे ज़्यादा चाहिए भी नहीं। इस मामले में उसकी राय साफ़ है। उसको चाहिए ऐसा ऑफ़िस, जहाँ वो जब चाहे छुट्टी ले सके। क्योंकि उसे ख़ूब सारी छुट्टियाँ चाहिए होती हैं। ज़्यादातर वह सिर्फ़ शॉर्ट्स पहने रहता है और कभी चप्पल नहीं पहनता। उसे अभी नया-नया शौक़ लगा है नंगे पाँव रहने का। वह कहीं बाहर जाते वक़्त भी नंगे पाँव ही रहता है। उसे लगता है, यह बहुत कूल है और हेल्थ के लिए अच्छा है। हाल ही में उसने नमक खाना भी छोड़ दिया है। रोज़ नई-नई चीज़ें ट्राई करना उसकी पसन्दीदा हॉबी है। उसके पास एक साइकिल है, जिसमें आगे एक बड़ी-सी टोकरी लगी है। उसमें मादरा आराम से लेटकर सो भी सकती है। एग्नेस के काम पर चले जाने के बाद बाप-बेटी दोनों साइकिल पर सवार होकर पास के समन्दर-तट पर नहाने जाते हैं।

मुझे आज शहर जाने में आलस आ रहा है। यों भी एक-डेढ़ घंटा ट्रैवल करके मैं आज फिर से शहर नहीं जाना चाहती। बस, यहाँ का नेशनल और ऑक्यूपेशन म्यूज़ियम देखना है मुझे, लेकिन

वो भी आज नहीं। एक-एक करके सब मेहमान शहर की तरफ़ निकल चुके हैं। मुझे उस रसोई वाली टेबल पर अकेले बैठकर चाय पीने का लालच भी है। पास-पड़ोस में घूम आऊँगी, घर में रहूँगी और कुछ नहीं करूँगी, मेरा आज का यही प्लान है। चाय बनाकर बैठी ही थी कि कार्ली ने अपने और मादरा के साथ मुझे समन्दर तट तक आने का न्योता दे दिया। मैंने सोचा—चलो, पास-पड़ोस तो घूमना ही था, इसी बहाने वह भी हो जाएगा और बाप-बेटी का 'ट्रेडिशन' भी देख लूँगी।

कार्ली मादरा के साथ अपनी टोकरी वाली साइकिल पर था और मैं पैदल; समन्दर तक पहुँचने में हमें लगभग चालीस-पचास मिनट लगे। यहाँ और भी कई परिवार आए हैं, ज़्यादातर बच्चों वाले हैं और एक-दूसरे को जानते-पहचानते दिखते हैं। यह यहाँ के लोकल लोगों का हिडन स्पॉट लगता है, यहाँ एक भी टूरिस्ट नहीं है। गर्मियों में समन्दर, झील या नदी में स्विमिंग करना यहाँ आम बात है। छुट्टी वाले दिन सब परिवार अपने पास के किसी भी वाटर बॉडी में तैरते हैं और कई तरह के वाटर स्पोर्ट्स खेलते हैं। ज़ाहिर है, यहाँ बचपन से ही सब लोग तैरना सीख लेते हैं।

हमारे गाँव में स्विमिंग पूल तो नहीं था, लेकिन पापा ने मुझे तालाब में तैरना सिखा दिया था। उनके लिए यह ज़रूरी था कि मैं गाड़ी चलाना, तैरना और अंग्रेज़ी बोलना ज़रूर सीखूँ। उनका कहना था कि धरती पर सत्तर प्रतिशत पानी है। हर इनसान को तैरना तो आना ही चाहिए, जाने कब ज़रूरत पड़ जाए! ड्राइविंग इसलिए ताकि कहीं आने-जाने के लिए किसी और पर निर्भर न रहना पड़े। लोग दहेज़ में बीएमडब्ल्यू दे देते हैं, लेकिन बेटी को ड्राइविंग नहीं सिखाते।

वह बीएमडब्ल्यू होने पर भी इन्तज़ार करती है कि कब कोई फ्री हो और उसे बाहर ले जाए। अंग्रेज़ी में बोलचाल की क्षमता, कहीं भी अपनी बात रख सकने के लिए। आख़िर वह दुनिया में सबसे ज़्यादा बोली जाने वाली भाषा है। उनकी पैरेंटिंग में कई कमियाँ रही होंगी, लेकिन उन्हें जितना पता था वह सब मेरे लिए किया और बहुत कुछ पता करने की कोशिश की। उन्होंने वे सारे जतन किए जो हमारे समाज में एक लड़की को मज़बूत और आज़ाद बनाने के लिए किए जाने चाहिए। जब उन्होंने कहीं पढ़ा कि सूट-सलवार के बजाय जीन्स पहनकर लड़कियाँ अधिक कॉन्फिडेंट होती हैं तो उन्होंने मुझे जीन्स दिलवाई! उन्हें लगा कि खिलाड़ी लड़कियाँ ज़्यादा मज़बूत होती हैं तो उन्होंने मुझे सारे खेल सिखाए। उन्हें लगा कि डिबेट करने वाली लड़कियाँ ज़्यादा निडर होती हैं तो उन्होंने मुझे घर आनेवाले हर मेहमान से सवाल-जवाब करने को उकसाया। जब कहीं पढ़ा कि बिना ध्यान-प्राणायाम के कैसा भी जीवन नीरस हो सकता है और लोग आत्महत्या तक कर लेते हैं तो उन्होंने मुझे सब छोड़-छाड़ कर ध्यान की तरफ़ मोड़ा। उनके लिए ज़रूरी था—बेटी का ऐसा जीवन जो ख़ुशी और प्रेम से भरा हो। इसे मुमकिन बनाने के लिए उन्होंने परिवार या समाज के किसी रीति-रिवाज की कभी परवाह नहीं की। वे बहुत हद तक सफल रहे, ऐसा मैं बिना किसी हिचकिचाहट के कह सकती हूँ।

यहाँ समुद्र-तट पर ज़्यादातर लोग छोटे बच्चों के साथ आए हैं जो एक-दूसरे के साथ मिलकर रेत का क़िला बना रहे हैं या क़िला बनाने का सामान इकट्ठा कर रहे हैं। साथ आए बड़े लोग कपड़े निकालकर, पानी से थोड़ी दूर रेत पर चादर बिछाकर पसरे हुए हैं। क्या औरत, क्या

मर्द—कोई औंधे लेटे किताब पढ़ रहा है तो कोई सनस्क्रीन और चश्मे लगाकर टैन होने की कोशिश कर रहा है। यहाँ भूरे रंग को सुन्दर माना जाता है, धूप से तपा भूरा रंग। लोग टैन होने के लिए सैकड़ों डॉलर ख़र्चते हैं। गर्मियों में हर कोई जितनी हो सके उतनी धूप सेंक लेना चाहता है, क्योंकि एक तो धूप यहाँ कम निकलती है, दूसरे यह टैन होने का सस्ता तरीका है। कौन कितना ज़्यादा टैन हुआ है, इससे यह भी पता लगाया जा सकता है कि कौन कितना धूप में लेटा है। यहाँ ज़्यादा टैन एक तरह का स्टेटस सिम्बल भी है। एक-दूसरे के टैन को देखकर लोग कम्प्लीमेंट देते हैं, "कितना सुन्दर टैन आया है तुम्हें, लगता है छुट्टियाँ अच्छी बीती हैं!" मैं दही और बेसन से टैन छुड़ाने की अपनी कोशिश को याद करके हँस पड़ी। इस एक दुनिया के भीतर कितनी तरह की दुनिया, कितने तरह के लोग! यहाँ ज़्यादा गोरे रंग को यह कहकर टोक दिया जाता है—"भूत जैसी दिखती हो!", "पीली पड़ गई हो!" यहाँ गोरे रंग को हीन तो नहीं समझा जाता, लेकिन सुन्दर क़तई नहीं माना जाता। यहाँ लोग ब्रोंज़र और टैन होने की क्रीम लगाते हैं, ज़्यादा गोरे रंग को छुपाने के लिए।

थोड़ी-थोड़ी देर बाद रेत में फैले-पसरे ये ही लोग पानी में डुबकी भी लगा आते हैं। फिर कुछ वापस सूखने को रेत में लेट जाते हैं, कुछ बच्चों के खेल में शामिल हो जाते हैं। पीछे एक रेस्तराँ है, जहाँ आइसक्रीम और हॉट डॉग्स जैसी चीज़ें मिल रही हैं। कुछ लोग वहाँ से आइसक्रीम लिये आ रहे हैं। कैसा सपने-सा दिन है, जैसा किताबों में होता है! सबसे मज़ेदार बात यह कि कोई भी अपने फ़ोन पर नहीं दिखता। एक तो रेत और पानी वाली जगह है; दूसरे, क्या ही ज़रूरत है!

जैसे ही कार्ली ने मादरा के कपड़े निकाले वह पानी की तरफ़ दौड़ गई, बिना डरे, बिना पूछे, बिना देखे कि कार्ली उसके पीछे आ रहा है या नहीं। वह तीन साल की लड़की समन्दर में उतर गई! जैसे यही करती बड़ी हुई है; कितना सुन्दर है इस तरह बड़े होना। यहाँ हर उम्र की लड़की बेपरवाह दिखाई देती है। कपड़ों से ही नहीं, देखने वालों से भी और अपने आप से भी। वह किसी से भी झिझकती नहीं दिखती। मैं जब किसी बारह-तेरह साल की लड़की को इस तरह बेफ़िक्र देखती हूँ, एक आह भरती हूँ। कितना सुन्दर है इस उम्र में अपने शरीर के प्रति सहज हो सकना! मुझे याद है, बारह-तेरह साल की अपनी वह उम्र। जब मैं चाहती थी, अपनी उभरती छाती को टेप लगाकर सपाट कर लेना, खुले कुर्ते पहनना, ताकि सड़क पर चलते समय मेरे बाप की उम्र के लोग मेरे शरीर को घूरें नहीं। ये लड़कियाँ बेहद सुन्दर हैं क्योंकि इतनी सहज हैं। इन्हें नहीं परवाह कि इनकी ग्रोथ ज़्यादा क्यों हो गई है...इन्हें नहीं चिन्ता कि अब-तब में कोई इन्हें ढकने को कहेगा, क्योंकि किसी से इनका खिलना बर्दाश्त नहीं होता!

कौन हैं वे मर्द जो हमारे समाज में लड़कियों का सड़क पर चलना मुहाल कर देते हैं? क्या वे जानते हैं, वे क्या कर रहे हैं? क्या उन्हें पता है कि उनकी घूरती नज़रें, उनकी फब्तियाँ, उनके गन्दे इशारे, किसी भी लड़की के मन में अपने शरीर के प्रति नफ़रत भर देंगे? क्या वे सभी मर्द कभी अपनी बेटी, अपनी बहन, बीवी, दोस्त, माँ के प्रति सहज रह पाते होंगे? या उन्हें समाज ने सहज हो सकने का कभी मौक़ा ही नहीं दिया? औरत के शरीर को हमारा समाज या तो 'सामान', 'माल', 'चीज़' मानता है, जिसे घूरा, छेड़ा और नोचा

जा सकता है; या 'इज़्ज़त', 'पराया धन' और 'शर्म' जिसे बचाया, छुपाया और ढका जाना चाहिए। हमारे महान देश में जहाँ औरत को देवी के रूप में पूजा जाता है, उसके शरीर को एक इनसान का शरीर माने जाने में अभी कितनी और सदियाँ लगेंगी!

कार्ली भी अपने सब कपड़े निकालकर पानी की ओर चल पड़ा, सब कपड़े माने सब ही! मैं सकपका गई और इधर-उधर देखने लगी। यह देखना तो मेरी सोलो ट्रैवेलिंग लिस्ट में नहीं था!

मेरे पास कोई स्विमिंग कॉस्ट्यूम नहीं था और कुछ साहस की भी कमी थी। मैं चुपचाप अपनी जगह से उठ आइसक्रीम लेने चली गई। बाप-बेटी कुछ देर समन्दर में तैरते रहे, फिर रेत पर लेट गए। कुछ देर बाद हम सबने आइसक्रीम खाई और वापस घर की ओर लौट चले। मादरा तैरकर थक गई थी, इसलिए साइकिल की टोकरी में बैठते ही झट से सो गई। कार्ली साइकिल खींचता हुआ मेरे साथ पैदल चलता रहा।

*

वापसी का सफ़र लगभग एक घंटे का था। उस दौरान रोड पर मैंने एक भी कार नहीं देखी, दिखे तो बस इक्का-दुक्का पैदल चलते लोग और कुछ साइकिल-सवार। एकाध बसें शायद गुज़री थीं, लेकिन वो भी भरी हुई नहीं थीं। कुछ घर बहुत बड़े थे—महलनुमा—जो पेड़ों के झुरमुट में छुपे होने के बावजूद अपनी भव्यता छुपा नहीं पा रहे थे। कार्ली बताता है कि ये रूसी लोगों के घर हैं जो कम्यूनिज़्म के समय अपनी सम्पत्ति यहाँ छुपा गए। लात्विया रूस से आज़ाद हुआ

तो है, लेकिन तीस से पैंतीस प्रतिशत रूसी लोग अब भी यहाँ हैं। ज़ाहिर है, वे रूस को पसन्द करते हैं। ख़ालिस लात्वियन रूसियों को ज़्यादा पसन्द नहीं करते। नापसन्द करते हैं—कहना ज़्यादा ठीक रहेगा। कुछ परिवार लात्वियन और रूसियों के मिक्स हैं, उन परिवारों में भी पॉलिटिक्स बँटी हुई है। लात्वियों को डर है कि रूस वापस उन्हें खा जाएगा और रूसी चाहते हैं, रूस को फिर से एक बड़ी शक्ति के रूप में देखना। लात्विया में सोवियत और नाज़ी सिंबल—दोनों बैन हैं। हँसिया और हथौड़े के सिंबल को यहाँ नाज़ी स्वास्तिक जैसा ही माना गया है। वो बताते हैं, नाज़ियों और कम्यूनिस्टों—दोनों ने बड़े नरसंहार किए और बहुत क्रूर मौत के कैम्प बनाए हैं, जहाँ लाखों बेकसूर लोगों को मौत के घाट उतारा गया। इसलिए इन चिन्हों का इस्तेमाल करना यहाँ क्रिमिनल ऑफ़ेंस है। लिथुआनिया, पोलैंड और यूक्रेन में भी यही हाल है। एक पोलिश नानी ने मुझे बताया था, कैसे उसे अभी भी रूसी सिपाहियों के उसके घर में घुसने के सपने आते हैं और आज़ादी के इतने सालों बाद भी उसे रूसियों से डर लगता है।

कार्ली फिर भी मुझे काफ़ी नपे-तुले ढंग से नाज़ी हिस्ट्री, सोवियत हिस्ट्री, और लिबरेशन मूवमेंट के बारे में बताता रहा। उसका ख़ुद का परिवार आधा रूसी है, लेकिन वह ख़ुद को पूरा लात्वियन कहता है। उसके हिसाब से लात्विया हर तरफ़ से पिसा है और अब वह, बस, शान्ति से अकेले रहना चाहता है।

कार्ली के पास बताने को बहुत कुछ है। चूँकि वह एक म्यूज़ियम में काम करता है, उसकी जानकारी और बताने का तरीक़ा भी बढ़िया है। वह मुझसे अपने देश में औरतों की दशा के बारे में भी बात करता है। वह बताता है, लात्विया में सत्तर प्रतिशत लोग शादी किए बिना ही

साथ रहते हैं। बच्चे कम लोग पैदा करते हैं, लेकिन उसके लिए भी शादी ज़रूरी कंडीशन नहीं है, न ही परिवार के लिए और न ही समाज के लिए। हालाँकि कार्ली को लगता है, इसमें औरत का नुक़सान ही होता है। वह बच्चे पैदा करती है, पालती-पोसती है और चूँकि कोई क़ानूनी या सामाजिक दबाव नहीं है, कई बार मर्द दूसरी जवान लड़की ढूँढ़ लेता है और औरत बच्चों के साथ रह जाती है। शादी के बिना उसके क़ानूनी हक़ इतने महफ़ूज़ नहीं होते। कार्ली बताता है, एग्नेस का पिछला बॉयफ्रेंड—जिससे उसे एक लड़का है—उसकी कोई मदद नहीं करता। वह उसे किसी प्रकार का मेंटेनेंस नहीं देता।

क़ानूनी हक़ों और सामाजिक दबाव से इनसानी रिश्तों में कितना सुधार हो सकता है? एक बच्चे को अच्छा पालन-पोषण मिलना चाहिए और अगर माँ-बाप असमर्थ हैं तो सरकार को ज़िम्मा लेना चाहिए। ऐसे क़ानून शायद ज़रूरी हैं कि बच्चे पैदा करो तो ज़िम्मा भी लो, कम-से-कम तब तक, जब तक वह वयस्क न हो जाए। लेकिन क्या सामाजिक दबाव भी कुछ मदद करता है? मियाँ-बीवी परेशान रहें, तो क्या बच्चों की ज़िन्दगी आसान हो सकती है? सामाजिक दबाव का बस एक फ़ायदा मुझे दिखता है—आप दो बार सोचते हो, पहली लड़ाई में ही साथ छोड़कर नहीं भाग जाते; या किसी और के प्रति क्षणिक आकर्षण को तलाक़ का आधार नहीं बना लेते। लेकिन दो बार सोचने तक ही इसका फ़ायदा है। अगर बार-बार सोचना पड़ता है तो शायद समाज का दबाव फ़ायदे की बजाय नुक़सान ज़्यादा कर सकता है। ख़ैर, यहाँ किसी प्रकार का कोई सामाजिक दबाव नहीं है और चूँकि औरत जन्म देती है और कुछ हद तक वही पालती है तो नुक़सान उठाती है, इतनी आसानी से आगे नहीं बढ़

पाती, अलग नहीं हो पाती। लेकिन क्या सच में? क्या आज़ादी प्रेम से बड़ी है? क्या है आगे बढ़ पाना? अपने बच्चे की माँ और अपने बच्चे को छोड़कर तुम कौन-सी आज़ादी पा लोगे? इस बारे में मेरा कुछ भी लिखना निर्णय सुनाने जैसा है जो मेरे लिए बेहद कठिन है। हर इनसान का निजी जीवन अलग होता है। कोई क्यों किसी के साथ रहता है, कोई क्यों किसी से दूर चला जाता है—यह उस इनसान का बेहद निजी मामला है। चाहे वह शादीशुदा हो या बच्चों वाला। एक इनसान कैसे जीना चाहता है, यह निर्णय सिर्फ़ उसी का होना चाहिए और कम-से-कम कोई नैतिकता उसके आड़े नहीं आनी चाहिए। लेकिन अगर समाज और क़ानून माँओं के हक़ में होंगे तो शायद उनके लिए जीवन थोड़ा आसान किया जा सकता है। किसी के छोड़कर जाने से किसी औरत के जीवन में कम-से-कम आर्थिक दिक़्क़त नहीं आनी चाहिए, बच्चे अवैध नहीं होते, उनका ज़िम्मा बाप नहीं तो समाज ले। ऐसे क़ानून तो होने ही चाहिए।

जब मैंने कार्ली से पूछा कि क्या वह कभी शादी करना चाहेगा तो उसका जवाब 'हाँ' नहीं था। उसने हँसकर कहा—सोचूँगा।

*

एग्नेस मेरे सवाल के जवाब में बिना सोचे 'हाँ' बोली। उसके चेहरे पर दर्द ठहर गया था! माँ-बेटी दोनों एक जैसी दिख रही थीं...

*

जो रह गया—

ऐना से मिली, एक अठारह साल की लड़की जो ऑक्यूपेशन म्यूज़ियम में काम करती थी। मैंने उससे यों ही कॉफ़ी के लिए पूछ लिया और वह ख़ुशी-ख़ुशी मेरे साथ बतियाने आ गई। ऐना के दादा सोवियत यूनियन के दौरान 'गुलाग' डिपोर्ट हुए और वहीं उनका क़त्ल कर दिया गया। उसकी दादी भी कैम्प में मारी गईं। ऐना नहीं मानती कि लात्विया अब सिर्फ़ लात्वियों का है, लेकिन वह ख़ुश है कि उनका देश आज़ाद है।

*

आज़ादी प्रेम से बड़ी है या उसके बग़ैर अधूरी है?

अगर आप प्रेम में एक-दूसरे को आज़ाद नहीं करते तो क्या वह प्रेम है? किसी का हो पाना प्रेम है, लेकिन क्या निभाना भी प्रेम है? निभाना तो मजबूरी है, प्रेम को निभाना थोड़े न होता है! कुढ़ते-कुढ़ते निभाने में प्रेम की जगह कहाँ है? प्रेम तो आज़ादी में ही है, लेकिन आज़ादी? क्या अपनी इच्छा से जी पाना भर आज़ादी है? यह 'अपनी इच्छा' क्या है? क्या बदलती नहीं रहतीं इच्छाएँ हर पल? तो फिर क्या इच्छाओं की इस कूद-फाँद में प्रेम भी बदलता रहता है? मेरे पास बस सवाल हैं...जवाब जीवन है। जीवन जीना है।

अपने आप को जाने बिना न प्रेम है, न आज़ादी। अपने आप को जानने की यात्रा सबकी अपनी है। मैं अपने हिस्से की यात्रा में हूँ...

२

माशा और ख़ाली चारपाई

मैं उससे माशा के घर मिली। मिली क्या, बस देखादेखी-सी हुई। एक शब्द नहीं निकला था उसके मुँह से! निकलता भी कैसे, अंग्रेज़ी वह जानती नहीं थी, मुझे रूसी का 'क-ख-ग' तक नहीं पता था। वह पहली बार सेंट पीटर्सबर्ग घूमने आई थी। मैं भी यहाँ पहली बार ही आई थी, लेकिन सेंट्रल रूस के अपने गाँव से बाहर निकलकर उसके देखे शायद यह पहला 'बड़ा शहर' था। उसके चेहरे पर हमेशा जैसे घबराहट रहती, चुप्पी-सी; सिर्फ़ मुझसे नहीं, अपने आसपास से भी।

हम दोनों माशा के घर ठहरे थे। वहाँ यूँ तो और भी कई लोग रुके थे, लेकिन उस छोटे क़द की लड़की की तरफ़ मेरा ध्यान बार-बार जाता। लाल रंग रँगाए हुए सुनहरे बाल, इकहरा शरीर, हरी नसें दिखने तक गोरा रंग और कँपकँपाते हुए से भरे-भरे लाल होंठ। दिखने में बमुश्किल चौदह-पन्द्रह बरस की लग रही थी, सोलह से ज़्यादा की तो हरगिज़ नहीं होगी; लेकिन शान्त इतनी जैसे जाने कितनी

दुनिया देख रखी हो! क्या मालूम, वह शान्त थी कि चुप थी, लेकिन मेरे सवालों की वजह ज़रूर थी।

माशा के घर शायद सबसे पहले वही आई थी। तभी कमरे की इकलौती चारपाई उसे मिली थी। एक बैग था उसका जिसे वह चारपाई के नीचे रखती, और एक छोटा पर्स जिसे लेकर बाहर निकलती। अपने वज़न से भारी बूट्स और छोटी स्कर्ट पहनकर, कच्चा-पक्का मेकअप करके रात के दस-साढ़े दस बजे निकल जाती और फिर सुबह दिखती। दोपहर तक बिस्तर से निकलती। कभी कुछ खाती-पीती हुई नहीं दिखती थी। कुछ दे दो तो मना भी नहीं करती थी। अपने में ही रहती। कभी किसी और को भी देखती तो लगता, जैसे ख़ुद को ही देख रही है। मुस्कुराती तो लगता, ख़ुद के लिए ही मुस्कुरा रही है। उसे जानने की मेरी बैचनी रोज़ बढ़ रही थी, लेकिन बताए कौन, किससे पूछूँ? यहाँ तो सभी आते-जाते दिखते हैं, कोई ठहरा हुआ इनसान मिले तो बताए कुछ!

माशा यूनिवर्सिटी में पढ़ती थी। मुझसे लगभग आधा फीट ऊँची, वज़न में आधी, लम्बी-इकहरी, छोटे काले बालों वाली लड़की। आजकल गर्मी की छुट्टियों में एकदम फ़ुरसत में थी तो उसने वन बेडरूम सेट के अपने किराये के घर में कई देशों के लोगों को ठहरा रखा था। माशा को घूमने का शौक़ था। एक बार अमरीका जा चुकी थी, लेकिन अबकी बार उसका वीज़ा रिजेक्ट हो गया था तो उसने कुछ देशों को ही अपने पास बुला लिया। मैं भारत से, एक लड़की युगांडा की, एक लड़का साउथ कोरिया का और चौथी वह—गाँव से आई हुई रूसी लड़की। माशा अंग्रेज़ी जानती तो अच्छे से थी, लेकिन कुछ ख़ास इस्तेमाल नहीं करती थी। सवाल पूछो तो

टालती नहीं थी, लेकिन अपने आप कुछ बताती भी नहीं थी। पहली मुलाक़ात में भी उसने मुझसे ज़्यादा कुछ पूछना ज़रूरी नहीं समझा। मैं आई, वह मिली। चली गई, अपना घर मुझे सौंपकर—"यह रही चाबी। जब आना है आओ, जब जाना है जाओ। घर की जो चीज़ चाहो, इस्तेमाल करो।"

माशा घर में दिन-भर कम ही रहती और रात को तो कभी नहीं। उसके घर पर हम अलग-अलग देशों से आए चारों लोग क़ब्ज़ा जमाए हुए थे। जो चाहते, उसकी रसोई में पकाते-खाते। दिन-भर शहर घूमते-फिरते और लौटकर रात को जहाँ जगह मिले, गद्दे डालकर गिर जाते। बस वह रूसी लड़की पूरे दिन सोती और रात को ग़ायब। कमरे की इकलौती चारपाई ख़ाली रहती। कहाँ जाती है, क्यों जाती है, रोज़-रोज़ क्यों जाती है, किसके साथ जाती है—ऐसे सवालों के जवाब जानने से ज़्यादा मुझे उस लड़की को जानने की बेचैनी थी। उसकी रातों के क़िस्से, उसी से जानने थे मुझे—क्या करने आई हो इस बड़े शहर? गाँव कैसा है तुम्हारा? रूस के गाँव कैसे होते हैं? घरवालों ने अकेले कैसे आने दिया? उम्र कितनी है तुम्हारी? किससे मिलती हो रात को? अकेली ही शहर घूमती हो? डर नहीं लगता? वापस जाओगी अपने गाँव या यहीं दिल लग गया है तुम्हारा?

*

युगांडा वाली लड़की लगभग एक महीने से यहाँ रुकी थी। मैंने उससे माशा और उस रूसी लड़की के बारे में जानने की कोशिश की; लेकिन शायद उसको पता नहीं था, न कोई मतलब। वह स्टूडेंट्स

की अदला-बदली के किसी प्रोग्राम में आई थी और किसी तरह यहीं बस जाना चाहती थी। उसके कुछ और दोस्त भी आए थे जो शहर के अलग-अलग हिस्सों में रुके थे। वह कभी उनके साथ प्लान बना लेती, कभी रूस का लम्बा वीज़ा कैसे लगेगा—इसके बारे में पता करती। कभी रूसी भाषा सीखने का प्लान बनाती, कभी अमरीका जाने के बारे में सोचती। उन्नीस साल की यह लड़की अपनी उम्र की और सब लड़कियों की तरह ही रैंडम थी। जो एक बात पक्की थी, वह यह कि उसे अपने देश लौटने का ख़याल ज़्यादा नहीं लुभाता था।

दूसरा वह साउथ कोरियन लड़का—पूरे दिन शहर घूमता, फ़ोटो खींचता, शाम को कोई मिल जाए तो उसे अपने दिन के बारे में बताता। रहने को घर मिला था, ऊपर से कोई-न-कोई खाना बना देता, नहीं तो ब्रेड के टुकड़ों के बीच मीट दबाकर बियर के साथ गटक जाता। वापस अपने देश लौटने में उसे कोई हिचक नहीं थी। ज़रूर बढ़िया देश होगा यह साउथ कोरिया; या फिर लड़कियाँ ही ऐसी होती हैं, जिनका मन कहीं दूर चले जाने को तड़पता रहता है!

तीसरी मैं—जो आई थी यहाँ बस यूँ ही, क्योंकि आ सकती थी। एक बार जब मुझे लगने लगा कि मैं जहाँ जाना चाहूँ, वहाँ जा सकती हूँ तो मैं बस कहीं भी जाने लगी। बचपन में 'रूसी लोक कथाएँ' किताब पढ़ते हुए रूस अपना-सा लगा था। वहाँ की बूढ़ियाँ अपनी बूढ़ियों जैसी ही लगी थीं और वहाँ के बच्चे अपने बच्चों जैसे। उनकी कहानियों में भी गप्प हाँकने वाली बीवी का हाल बुरा दिखाया गया था और दयालु मारिया का अन्त में सब अच्छा-अच्छा होता हुआ। वहाँ भी लालच को बुरा बताया गया था और मेहनत को अच्छा। राजकुमार इवान की कहानी में हर नई सुबह एक नया

दिन लेकर आती थी—सो जाओ ईवान, रात की बात कभी सच नहीं होती। सुबह सब ठीक हो जाएगा। दूर देश में कहीं बसे अपने जैसे इन लोगों को मैं तब से देखना चाहती थी।

कॉलेज आने पर लियो तोल्स्तोय और फ़्योदोर दोस्तोयेव्स्की को पढ़ा तो उनकी किताबों के किरदारों, उनके समाज को जानने का मन हुआ। वे सड़कें जहाँ आन्ना कारेनिना का ताँगा दौड़ता था, वह समाज जहाँ रस्कोलनिकोव की गिल्ट बढ़ते-बढ़ते ख़ुद किताब का किरदार बन गई, वह सब मुझे ख़ुद से देखना था। दोस्तोयेव्स्की का घर, पुश्किन की छत, तोल्स्तोय के कैफ़े सब देखने थे। मुझे देखना था वह देश और वहाँ के लोग, जिन्होंने दुनिया के सामने समाजवाद की ज़िन्दा मिसाल पेश की। कैसी होंगी उस देश की इमारतें, वहाँ की सड़कें, उस देश के घर और वहाँ के लोग कैसे होंगे, उनका खाना और पहनावा कैसा होगा, कैसे होते होंगे वहाँ के पूजास्थल और कैसा होगा उस देश का स्वभाव—यह सब जानना था। लेकिन एक तो यह मुई भाषा और दूसरा, रातों को इनके ग़ायब रहने का रहस्य! ज़्यादा कुछ तो नहीं, फिर भी यह ज़रूर पता चला कि इस समाज को जानना आसान नहीं है। इसमें घुलना-मिलना आसान नहीं है।

मैं थोड़ा शहर घूमती, दोस्तोयेव्स्की के घर के आसपास की पुरानी दुकानों में कॉफ़ी पीती और लोगों को रूसी बोलते सुनती। क्या मजाल कोई भूला-भटका इनसान भी अंग्रेज़ी का एक शब्द बोलता-बतियाता हो! मैं क्या पूछूँ और क्या बताऊँ! माशा के घर वापस लौटकर मैं चाय बनाती। कभी खाना बना देती और उसके लौट आने का इन्तज़ार करती। माशा कभी घर आती तो मैं उससे जानने की कोशिश करती

कि वह छोटी रूसी लड़की रात को कहाँ जाती है—"इतनी छोटी-सी है, अकेले उसको डर नहीं लगता? पूरी-पूरी रात ग़ायब रहती है। सुबह जाने कब आती है और फिर दिन-भर अपने बिस्तर में पड़ी रहती है। उठती है तो रात को निकलने से पहले तैयार होने के लिए! कुछ खाते-पीते भी नहीं देखा मैंने उसे! एक बार जब पुलाव खाने को पूछा तो उसने चुपचाप खा लिया। मिर्च भी नहीं लगी उसे! चाय दी तो चाय पी ली, जैसे हमेशा से पीती आई हो!"

मेरी बातों में माशा को मेरी बेचैनी दिख गई। हँस पड़ी और बोली, "मुझे नहीं पता।"

*

अच्छा माशा, अपना ही बता दो कि तुम कहाँ जाती हो? तुम तो अंग्रेज़ी जानती-समझती हो। मुझसे बात कर सकती हो। कुछ तो बताओ, लड़की! हम क्यों तुम्हारे घर पर हैं, जब तुम ही यहाँ नहीं रहती हो?

एक दिन मेरे सवालिया चेहरे को देख युगांडा वाली लड़की ने बताया कि माशा अपनी यूनिवर्सिटी की सहेलियों के पास चली जाती है रात को, ताकि हमें सोने को ठीक से जगह मिल जाए। "किसी लड़के के साथ नहीं रुकती," उसने आगे जोड़ा।

धत्त! लड़के के पास जाए या लड़की के पास...घर में इतने सारे लोग डटे हैं...उसका सारा सामान घर पर है...लैपटॉप तक भी...और वह आती है सिर्फ़ कपड़े बदलने या कभी कोई चीज़ लेने! ऐसे कोई करता है भला! उसका घर उसका कम, हमारा ज़्यादा लगता है।

जगह कम थी तो इतने लोगों को ठहराया क्यों था? कोई ऐसे भी करता है भला कि मेहमान बुलाकर ख़ुद चला जाए!

*

आज माशा सुबह से घर पर ही है। बस! इससे पहले कि वो ग़ायब हो, मैंने फटाक से कह दिया—"माशा, मुझे थोड़ा शहर घुमाओ। कुछ रूसी खिलाओ; और हाँ, मुझे यूक्रेन का वीज़ा लेना है और कुछ पैसे भी बदलवाने हैं। चलोगी मेरे साथ?" इतनी सारी बातें मैंने एक बार में कह डालीं। सोचा, किसी एक के लिए तो 'हाँ' करेगी। "चलो!," माशा ने बिना पलक झपकाए कहा! ऐसी ही थी वह, एकदम सरल। सोचना भी मुश्किल था कि उसने किसी को कभी 'ना' कहा होगा! बहते पानी-सी सहज और फिर भी ऐसी बन्द जैसे लोहे का किवाड़।

माशा मुझे थोड़ी दूर बने एक मॉल में ले गई जो वैसा ही उबाऊ था जैसे दुनिया-भर के होते हैं। वही ब्रांडेड दुकानें और कुछ रेस्तराँ। शुरुआत ऐसी हुई तो बाक़ी दिन के लिए उत्साह कम होने लगा। अगर ये मॉल ही घूमने थे तो मैं गुड़गाँव चली जाती, वह तो घर से नज़दीक भी था। हमने खाना वहीं एक रेस्तराँ में खाया—डम्प्लिंग और एक सूप जो मुझे अब याद नहीं, किस चीज़ का बना था। खाना उतना ही ठीक-ठाक था, जितना आम तौर पर किसी मॉल में हुआ करता है।

"यहाँ से चलो, माशा! मुझे कहीं और ले चलो।"

माशा से मैं पूरे दिन कुछ-न-कुछ पूछती रही। हर बात का जवाब

मिला, लेकिन ऐसा लगा जैसे उसने कहा कुछ भी नहीं है। दिन भर में इसके सिवा मैं कुछ नहीं जान पाई कि वह बहुत तेज़ चलती है, ज़ोर-ज़ोर से हँसती है और एकदम कम खाती है। एक बात और जो मुझे बार-बार सुनाई पड़ी—वह यहाँ से जाना चाहती है; कहीं दूर, किसी और जगह। उन सब लड़कियों की तरह ही शायद, जो कहीं बहुत दूर, कहीं बहुत अलग जगह चली जाना चाहती हैं, जहाँ वे किसी भी और के बजाय 'ख़ुद' की हो सकें। किसी और का कुछ होने/बने रहने से अलग, अपना आप हो सकने की यह लड़ाई अपने गाँव-मोहल्ले से दूर जाकर ही क्यों जीती जाती है? माशा को अमरीका जाना था; छोटी रूसी लड़की को सेंट पीटर्सबर्ग आना था; युगांडा वाली लड़की को—रूस हो या अमरीका—कहीं भी चलेगा; और मुझे, अभी और दूर-दूर कहीं और जाना था...

ऐसा क्यों है कि हमारे आसपास के लोग ही हमें समझने में सबसे ज़्यादा नाकाम होते हैं? जो कोई आपकी निजता का दुश्मन है, वह आपका ही किसी तरह का, पास या दूर का रिश्तेदार और पड़ोसी है। कभी आपने सोचकर देखा है कि अगर 'चार लोग' कुछ कहने वाले न होते, उस कहे को सुनने-सुनाने के लिए घरवाले और रिश्तेदार नहीं होते तो आपका जीवन कैसा होता? क्या आप यही कर रहे होते जो आज कर रहे हैं? आपका जीवन कितना आपका है और कितना 'चार-लोग-क्या-सोचेंगे' की देन है? अगर आप लड़की हैं तो इन 'चार लोगों' के साथ परिवार, रिश्तेदार, आसपास को तो जोड़ें ही, गाम-गोहांड को और जोड़ लें।

माशा मुझे चलते-चलाते यूक्रेन एम्बेसी ले गई, लेकिन वहाँ भी कोई अंग्रेज़ी बोलने वाला नहीं था। एम्बेसी में कोई अंग्रेज़ी बोलने

वाला कैसे नहीं था, यह मुझे बड़ी अचम्भे वाली बात लगी! माशा ने मदद की और रूसी ज़बान में मेरी बात उन्हें समझाई, लेकिन ऐसा लगा कि जैसे कोई पहली बार वहाँ वीज़ा लेने गया हो। किसी को कुछ मालूम नहीं था कि कैसे मुझे उनके देश का वीज़ा मिलेगा। रूसी लोगों को तो यूक्रेन जाने के लिए वीज़ा चाहिए नहीं, कोई और वहाँ जाता नहीं होगा क्या? एक भारतीय लड़की रूस से यूक्रेन जाने का वीज़ा माँग रही है, शायद उनके पास इस तरह की कोई नज़ीर नहीं थी। ख़ैर, काफ़ी उठा-पटक के बाद मुझे यूक्रेन जाने का ख़याल ही छोड़ना पड़ा।

अब बचा पैसे बदलवाने का काम। यूक्रेन एम्बेसी से आते वक़्त ख़ूब तेज़ पानी बरसने लगा। जैसे मेरे गाँव में बरसता है वैसे, झमाझम, लन्दन की तरह टिप-टिप नहीं। मेह ज़ोरदार बरसा। हम दोनों एक कैफ़े में घुस गए और अन्दर चले ही गए थे तो कॉफ़ी ऑर्डर कर दी। सस्ता ही लगा सेंट पीटर्सबर्ग। दिल्ली के किसी पॉश कैफ़े से तो बहुत सस्ता! ढाई-तीन सौ रुपए में काम चल गया। मैंने ली 'लाते' और माशा ने कोल्ड कॉफ़ी ऑर्डर किया। मैंने केक भी मँगाया—यह सोचकर कि हम दोनों खाएँगे। इतना चलकर मेरा लंच हजम हो चुका था! लेकिन माशा ने तो चखा भी नहीं, सिर्फ़ कॉफ़ी पीकर वह फिर से चलने को तैयार थी।

जहाँ पैसे बदलवाने थे वहाँ ख़ूब भीड़ थी। लोग लाइन से अन्दर जा रहे थे। सिर्फ़ वही लोग अन्दर जा सकते थे, जिनको पैसे बदलवाने थे। माशा बाहर रह गई। अन्दर लोग सरियों के पीछे बैठे पैसे बदल रहे थे। हर तरफ़ कैमरे लगे थे और लम्बे-चौड़े सिक्योरिटी गार्ड खड़े थे। बहुत सीरियस टाइप का माहौल था। मैंने आधी दुनिया

में पैसे बदलवाए हैं, लेकिन ऐसा जेल जैसा माहौल पहली बार देखा। जितनी देर मैं अन्दर थी, उतनी देर माशा बाहर मेरा इन्तज़ार करती रही। उसे कहीं जाने की जल्दी नहीं थी, जैसे बाहर बैठने ही आई हो!

पूरा दिन बीत गया हमें साथ घूमते। वापस घर आते हुए हमने पास की दुकान से रात के खाने-पीने का कुछ सामान ले लिया। लेकिन अब क्या? माशा के बारे में मैं अब भी कुछ नहीं जानती थी। न उसके घरवालों के बारे में, न उसके गाँव के बारे में, न उसकी प्रेम कहानी, न उसके सुख-दुख के बारे में। जो कुछ जानने के लिए मैं उसके साथ दिन बिता आई थी, वह सब तो अभी तक पहेली है। शायद रात कुछ सुलझा दे, यह सोचकर मैंने माशा से कहा, "माशा, आज मुझे भी अपने साथ ले चलो, रात का शहर दिखाओ!"

"ठीक है!" माशा ने शान्त बहते हुए पानी की तरह कहा।

*

रात को माशा की यूनिवर्सिटी की कुछ और सहेलियाँ आ गईं। युगांडा वाली लड़की भी हमारे साथ हो ली। हम सब घर से थोड़ा खाकर लगभग साढ़े दस बजे निकले। शहर—जहाँ रात को चहल-पहल होती है—माशा के घर से लगभग डेढ़-दो घंटे की दूरी पर था। लेकिन किसी को टैक्सी लेने की नहीं सूझी। सूरज अभी छिपा नहीं था, हल्की-हल्की धूप थी! यह सेंट पीटर्सबर्ग की गर्मियों की रात है, सफ़ेद रात। हम पाँच लड़कियाँ चुपचाप, अपने में मग्न, लहराती-सी शहर की तरफ़ चली जा रही थीं।

हम सब तक़रीबन बारह बजे शहर के बीचोबीच पहुँच गईं। यह गली ऐसी थी, जहाँ सिर्फ़ क्लब ही क्लब थे। धूप की रौशनी को चुनौती देती जगमगाती लाइट्स, धुआँ-धुआँ माहौल। टिप-टॉप तैयार आदमी और औरतें। हर तरफ़ परफ़्यूम की तेज़ गंध। इस गली का नाम था—दुमस्काया स्ट्रीट। क्लबों और बार के बाहर खड़े लोग हमें अन्दर बुला रहे थे। कोई फ़्री ड्रिंक ऑफ़र कर रहा था तो कोई फ़्री एंट्री। हमें न कहीं पहुँचने की जल्दी थी; न कहीं कोई हमारी चिन्ता कर रहा था, न इन्तज़ार; न किसी को बार-बार फ़ोन कॉल आ रहे थे कि 'कब आओगी घर, बारह बज गए हैं!' यहाँ न ताने थे, न फब्तियाँ थीं। बेपरवाह होना भी कहीं लग्ज़री हो सकती है? हम लड़कियाँ थीं और थी ढेर सारी बेपरवाही...

...हवा में हँसी घुलती जा रही थी...

माशा ने सलाह दी—जो जगह एंट्री और ड्रिंक दोनों ऑफ़र करे हम वहाँ जाएँगे। आख़िरकार हम जिस क्लब में गए, वहाँ हमने अपनी फ़्री ड्रिंक्स के साथ कुछ खाना भी ऑर्डर कर लिया। सब कुछ देर यों ही बैठे रहे। इतनी आवाज़ थी कि कोई बात तो क्या ही करता! वैसे भी हम कोई ख़ास बातूनी लड़कियाँ नहीं थीं। एक-दो जिन-टॉनिक के बाद मेरे पैर रूसी संगीत पर थिरकने लगे थे। मुझे नाचते देख अँधेरे में से, अदृश्य डीजे ने मुझसे पूछा, मैं कहाँ से आई हूँ। 'इंडिया' बताते ही उसने 'मुंडेयां तो बच के रही' बजाया। कुछ साल पहले लन्दन में मेरी सहेली का बेटा अलेक्स ड्रम्स सीख रहा था। उसे स्कूल में 'मुंडेयां तो बच के रही' के बीट्स सुनाए गए। एक रोज़ मैं उनके घर पर थी तो उसने मुझसे इसका मतलब पूछा—"नि तू हुणे हुणे हुई मुटियार, मुंडेयां तों बच के रही"...मैंने माने बताने

की कोशिश की—तुम धीरे-धीरे जवान हो रही हो, लड़कों से बचकर रहना। अलेक्स ने पूछा, "क्यों? लड़कों से बचकर क्यों रहना? दस साल के लड़के के इस सवाल का जवाब तो था शायद मेरे पास, लेकिन मैं उसे अभी भारत का रियलिटी चेक नहीं देना चाहती थी। हम लिरिक्स इग्नोर कर बीट एन्जॉय करना सीख जाती हैं, नहीं तो आधे से ज़्यादा हमारे गाने थिरकने नहीं, प्रोटेस्ट करने के क़ाबिल हैं—"कब तक जवानी छुपाओगी रानी..." हो चाहे "ठुकरा के मेरा प्यार मेरा इन्तक़ाम देखेगी..."

डीजे ने रूसी भाषा में कुछ कमेंट्री की जो मुझे समझ में नहीं आई, लेकिन उसने मेरी तारीफ़ ही की होगी। और क्या! कुछ देर और हम क्लब में खाते-पीते-नाचते रहे; लेकिन माशा? वह तो यहाँ भी एक दर्शक ही रही। कुछ पूछो तो बता देती, कुछ करने को कहो तो कर देती, कहीं चलने को कहो तो चल पड़ती; लेकिन सोच क्या रही है माशा? खाना—जो मैंने ऑर्डर किया उसने खा लिया, ड्रिंक—जो सबने पी वही उसने भी। वह सबके साथ बनी रही, हँसती रही, सबको देखती रही; न ख़ुद कुछ कहती थी, न पूछती थी, न नाचती थी...

चलें, माशा?

माशा उठ खड़ी हुई। उसे पता था, कहाँ जाना है। हम सब फिर चल पड़ीं। हवा हल्की ठंडी हो चुकी थी जो कि नाच के बाद पसीने से और भी सर्द लग रही थी। हमने अपनी-अपनी जैकेट पहन ली। सब नदी की ओर जा रही थीं।

रात के दो बजने वाले हैं, लेकिन आसमान अभी तक रौशन है। गर्मियों में यहाँ सूरज ढलने के बावजूद छिपता नहीं। इसलिए रात नहीं होती। लग रहा था जैसे यहाँ लोग सोते भी नहीं हैं। सेंट

पीटर्सबर्ग आने का यह सबसे अच्छा समय है—जून, जुलाई और अगस्त। रात आधी बीत चुकी थी, लेकिन मेले जैसा माहौल था। नेवा नदी का ब्रिज तेज़ संगीत के साथ खुल रहा था। लोगों की भीड़ उसे देखने जुटी थी। मेट्रो तो पहले ही बन्द हो चुकी थी। अब कोई नदी के उस पार नहीं जा सकता था। अगर आपका ठिकाना दूसरी तरफ़ है तो सुबह पाँच बजे तक कोई रास्ता नहीं है उधर जाने का। सेंट पीटर्सबर्ग में रहने वाला हर इनसान जीवन में एक बार ग़लत किनारे फँसने का अनुभव ज़रूर कर चुका होता है। कहते हैं, कई लोगों के घर इसी ब्रिज ने बसाये हैं—"अब तो घर वापस नहीं जा सकता/सकती, उस पार जाने के सारे रास्ते बन्द हो गए हैं। आज यहीं ठहर जाऊँ?"

हर तरफ़ कोई म्यूज़िक बजा रहा है, कोई गा रहा है, जगह-जगह लोग झूम रहे हैं। कुछ लोग नेवा नदी पर नाइट क्रूज़ के लिए कश्ती वालों से मोल-भाव कर रहे हैं तो कुछ प्रेमी जोड़े मोल-भाव से दूर हाथ में हाथ लिये नदी निहार रहे हैं। हॉट डॉग्स और आइसक्रीम के स्टॉल ख़ूब लगे हैं। यों ही लोगों की भीड़ में चलते, रुकते, ठहरते, सुस्ताते, झूमते, हँसते, गाते हम लड़कियाँ भी गुम हो गईं। रास्ते में आते गए बड़े-बड़े महल, फ़ौव्वारों वाले बग़ीचे, दुनिया के सबसे मशहूर बैले थिएटर और बेहद ख़ूबसूरत लैम्प पोस्ट्स से रौशन बेनाम गलियाँ! हम पाँच लड़कियाँ कुछ इसी तरह सुबह पाँच बजे तक शहर को अपना करती रहीं।

शहर के साथ पूरी एक रात बिताने के बाद मैं बेहद थक गई थी। माशा ने मेरी तरफ़ देखा तो सबको घर वापस चलने को कहा। सभी लड़कियाँ चुपचाप घर की तरफ़ मुड़ चलीं तो मैंने कहा, टैक्सी

बुला लें? सबने मुझे अचरज भरी निगाहों से देखा, लेकिन मेरी शक्ल देखकर टैक्सी बुला ही ली। कैसे भला दो घंटे और चल लेती मैं! ये तो सब एक जैसी थीं—न खाना, न बोलना; बस, हँसना और चलना! मुझे टैक्सी के पैसे भी नहीं देने दिए। मेहमाननवाज़ी यहाँ भी है!

वापस घर आए तो कोने वाली वह चारपाई फिर ख़ाली! माशा ने उस ग़ैरहाज़िरी पर कुछ ग़ौर नहीं किया। अबकी बार मैंने भी कुछ नहीं पूछा। आज तो सुबह हो गई है और घर में जगह भी है, लेकिन माशा फिर चली गई! एक बार लगा कि उस ख़ाली चारपाई पर सो जाऊँ...लेकिन रहने दिया।

ग़ज़ब ही लोग हैं ये रूसी, सब कहकर भी छुपा लेते हैं। घर की जानकारी तो बिलकुल नहीं देते। हाँ, दुनिया-जहान की कितनी भी बातें करा लो। थोड़े शर्मीले होते हैं, थोड़े शक्की शायद...कुछ पर्सनल सवाल कर लो तो पलटकर पूछ लेंगे आपसे कि "चाहती क्या हो?" यों तो मैं ज़्यादा पर्सनल सवाल नहीं पूछती, लेकिन जब सहयात्री अलीना से मैंने पूछा था कि उसके कितने भाई-बहन हैं और वो क्या करते हैं तो वह ग़ुस्सा हो गई; और पूछने लगी कि मैं ये सब क्यों पूछ रही हूँ। इस देश में कोई भी निजी जानकारी पा सकना के.जी.बी. से जानकारी निकलवाने जैसा था! हाँ, रूस के इतिहास की जानकारी सब ख़ुशी-ख़ुशी बाँटेंगे।

उसके बाद नहीं दिखी वह मुझे या कहें, मैंने उसे जानने की ज़िद छोड़ दी।

*

सारे हिन्दी गाने भी आते थे। हम दोनों ही रीगा जा रहे थे। वह वहाँ कुछ दिन रुककर वापस सेंट पीटर्सबर्ग आने वाली थी। मेरा प्लान था—तालिन, हेलसिंकी, फ़िनलैंड का एक और गाँव, और उसके बाद सेंट पीटर्सबर्ग आने का। रीगा में हमने एक पूरा दिन साथ बिताया और तय किया कि उसके बाद सेंट पीटर्सबर्ग में कॉन्टैक्ट करेंगे। अगर वह वहाँ हुई तो मुझसे ज़रूर मिलेगी, ऐसा उसने कहा। यह अलीना ही थी जिसके साथ मैंने इतना समय बिताया और जब उससे मैंने पूछा कि तुम्हारा भाई क्या काम करता है तो वह बिदक गई। न अपनी लव लाइफ़ उसने शेयर की और न ही कुछ भी और—पर्सनल!

अलीना फिर मुझे सेंट पीटर्सबर्ग में मिली और एक पूरे दिन उसने मुझे शहर घुमाया। वह मुझे तोल्स्तोय की बिल्डिंग में ले गई, जहाँ आज भी कई मशहूर हस्तियाँ रहती हैं। यह एक सोसाइटी जैसी थी, जिसमें सैकड़ों अपार्टमेंट होंगे। बेहद बड़ी और ऊँची, किसी ज़माने में काफ़ी भव्य रह चुकी थी, लेकिन फ़िलहाल बाहर से तो ख़स्ता हाल ही थी। मेन गेट बन्द था जहाँ चौकीदार था। अलीना को सारे ख़ुफ़िया रास्ते पता थे। वह मुझे किसी और रास्ते बिल्डिंग के अन्दर ले गई। हम दोनों लिफ़्ट लेकर बिल्डिंग की छत पर पहुँच गए और काफ़ी देर तक वहीं टापते रहे। उसने बताया कि वह अपने दोस्तों के साथ अक्सर ऐसा करती है। वह मुझे अपने यूनिवर्सिटी ले गई, और अपनी पसन्दीदा खाने की जगह भी। एक अनजान शहर में लोकल गाइड मिलने से बेहतर भला क्या होगा, वह भी वही लड़की जो पिछले हफ़्ते किसी और देश में मिली थी! दुनिया सिमट-सी आई थी।

क्या मैंने करीना के बारे में बताया? अरे! इसी ने तो मुझे समझाया था कि रूसी क्यों कुछ भी पर्सनल शेयर नहीं करते। इससे कैसे मिली, पहले वह बताती हूँ। इस बार के ट्रिप में मैं एक्स-सोवियत देशों में घूम रही थी। रूस उनके बारे में जो कहता है वह, जो वे ख़ुद के बारे में कहते हैं उससे बिलकुल अलग है। रूस कहता है, उसने उन्हें लिबरेट किया। वो कहते हैं, ऑक्यूपाइ किया! वहाँ लिबरेशन म्यूज़ियम हैं और यहाँ ऑक्यूपेशन। करीना सेंट पीटर्सबर्ग के 'म्यूज़ियम ऑफ़ पॉलिटिकल हिस्ट्री' में काम करती थी। रूसी इतिहास की स्टूडेंट करीना को मैंने कॉफ़ी के लिए पूछ लिया। काम के बाद वह नेवेस्की प्रॉस्पेक्ट आ गई। हमने एक कैफ़े ढूँढ़ा, बैठ गईं दोनों चाय और केक के साथ। करीना ने मुझे पैसे नहीं देने दिए। ऐसी वाली मेहमाननवाज़ी भारत के बाद सिर्फ़ रूस में दिखी। नहीं तो दयालु से दयालु लोग वेस्ट में पैसे का हिसाब एकदम अलग रखते हैं। मैंने इतना खाया, तूने इतना! यह शायद ठीक होगा, लेकिन मुझे नहीं जमता। मुझे जमता है, इस बार मैं, फिर कभी तू! करीना मुझे पीटर द फ़र्स्ट से लेकर निकोलस द सेकेंड के बारे में बताती गई। मैं केक खाती रही और वह लेनिन, स्तालिन से लेकर पुतिन तक के बारे में सुनाती रही। कम्युनिस्ट पार्टी की वर्तमान हालत, यूक्रेन, क्रीमिया, मीडिया, प्रोपेगंडा, सब कुछ—इस लड़की ने भी मुझे सब कुछ बताया, बस ख़ुद के बारे में नहीं।

तो आख़िर मैंने उससे पूछ ही लिया कि क्यों नहीं शेयर करते तुम लोग कुछ भी पर्सनल? करीना ने बताया कि दुनिया ने उनके साथ बहुत धोखा किया है, इसलिए वे सबको आसानी से सब बातें नहीं बताते; और ज़्यादा पूछने वाले को शक की निगाह से देखते

हैं। मेरे पास इस जवाब के बाद कहने को कुछ और नहीं था। समझ लीजिए कि नेपोलियन का बदला मुझसे लिया जा रहा था!

*

लो जी, इस तरह मैंने आपको लगभग सब कुछ के बारे में बता दिया है। फिर भी कुछ चीज़ें तो हमेशा रह ही जाती हैं...मान लो कि कुछ मैंने रख लिया है!

३

पादरी की पढ़ाई और बर्फ़ में नंगे भागते लोग

तीया इंटर्नशिप करने इसोकाइरो आई है। यह फ़िनलैंड के पश्चिम में बसी एक छोटी-सी जगह है। मुश्किल से बीस-पच्चीस घर होंगे। वह भी एक-दूसरे से मीलों दूर। मतलब चायपत्ती, चीनी ख़त्म है तो पड़ोसी के घर जाने से आसान है, दुकान चले जाना। ऐसा नहीं है कि दुकानें भी पास हैं। एकाध सुपर स्टोर जैसा कुछ खुला हुआ है, मेन सड़क पर; या फिर डाउनटाउन जाना पड़ेगा। किसी के घर जाने के लिए गाड़ी-वाड़ी तैयार करनी पड़ती है। वैसे यहाँ सबके पास गाड़ियाँ हैं, लेकिन सर्दियों के मौसम में जब घुटनों-घुटनों तक बर्फ़ होती है तब अपना-अपना घर ही गाँव हो जाता है।

मैं तीया से मिलने आई हूँ। उसने बताया, वह यहाँ है तो मैं हेलसिंकी से एक रेल और एक बस पकड़कर आ पहुँची। तीया फ़िनलैंड की राजधानी हेलसिंकी में धर्मशास्त्र की पढ़ाई कर रही है। इसलिए इस गाँव के इकलौते चर्च में इंटर्नशिप करने आई है। यह

एक लूथरन चर्च है। एकदम साधारण-सा। फ़िनलैंड की बड़ी आबादी लूथरन ईसाइयों की है। लूथरनिज्म प्रोटेस्टेंट की ही एक धारा है। मैंने कैथोलिक चर्च देखे हैं, प्रोटेस्टेंट देखे हैं, ऑर्थोडॉक्स देखे हैं, लूथरन उन सबमें सबसे साधारण, बिना किसी ख़ास साज-सज्जा के बने होते हैं। जैसे और चर्चों की इमारतें भव्य होती हैं; उनके अन्दर देखने के लिए एक से बढ़कर एक चीजें होती हैं—रंग-बिरंगे शीशे, बड़ी-बड़ी पेंटिंग्स, नगों से जड़ी मूर्तियाँ, रंग-बिरंगे चमकीले वैलवेट के कपड़ों की सजावट, सैकड़ों लाइटें, मोमबत्तियाँ और लुभावना आर्किटेक्चर। लेकिन लूथरन चर्च बाहर से दिखने में एकदम साधारण होते हैं; किसी घर या झोपड़ी जैसे, और अन्दर भी कम-से-कम सजावट होती है। लूथरन चर्च औरों के मुक़ाबले काफ़ी फ़ॉरवर्ड थिंकिंग है। यहाँ लड़कियाँ पादरी बन सकती हैं, साथ ही शादी भी कर सकती हैं। यहाँ तक कि सेम सेक्स की शादियाँ भी इस चर्च में मान्य हैं। जबकि कैथोलिकों के हिसाब से लड़कियाँ पादरी नहीं बन सकतीं। कोई पादरी शादी नहीं कर सकता। शादी से पहले सेक्स पाप है और समलैंगिक विवाह तो और भी बड़ा गुनाह है। मुझे ईसाइयत की यह ब्रांच—लूथरवाद—बहुत उदार लगी।

फ़िनलैंड में वैसे भी धर्म हावी नहीं है। घरों में धर्म डिस्कस नहीं होता। यह सबका निजी मामला है। कोई गिरजा जाए, प्रार्थना करे तो अच्छा, नहीं करे तो भी अच्छा।

तीया बाईस साल की है। बिलकुल आम लड़कियों जैसी। फ़र्क़ बस इतना है कि वह पादरी बनने वाली है! इससे पहले मैं किसी ऐसी लड़की से नहीं मिली थी जो पंडित, पादरी या मौलाना बनना चाहती हो। उसका एक बॉयफ्रेंड है, जिसका नाम है—लासी। वे दोनों

इस इंटर्नशिप के बाद साथ रहने की सोच रहे हैं। लासी म्यूजिशियन है। वह एक बैंड से जुड़ा हुआ है। साथ रहने के लिए दोनों ने एक कमरे का एक घर देखा है। यह फ़ैसला इन दोनों का अपना है, कोई बड़ा-बुज़ुर्ग, रिश्तेदार, समाज या धर्म इसमें अपनी नाक नहीं घुसाएगा। फिर भी तीया थोड़ी नर्वस है, लेकिन बहुत ज़्यादा एक्साइटेड भी है। लासी को वह लगभग दो साल से जानती है। दोनों एक-दूसरे के प्यार में हैं। फ़िलहाल इतना काफ़ी है। दोनों काम करते हैं, सेकेंड हैंड कपड़े ख़रीदते हैं, सोफ़ा, पर्दों, गाड़ियों, नौकरों का शौक़ नहीं है। थोड़ा पैसा बचाकर घूम लेते हैं, फ़िलहाल इतना काफ़ी है।

इंटर्नशिप के दौरान तीया चर्च की ही एक बड़ी-सी इमारत में रह रही है। इस इमारत के दर्ज़नों कमरों का इस्तेमाल मेहमानों को ठहराने, छोटे बच्चों को पढ़ाने, खाना बनाने और कैम्प लगाने जैसे कामों के लिए होता है। पीछे ही नदी है जो बाहर बालकनी से दिखती है। आसपास खुले खेत और जंगल हैं। दूर-दूर तक कोई घर नहीं है। चर्च इससे थोड़ी दूरी पर है। तीया यहाँ एक महीने के लिए आई है और इस पूरी इमारत में अकेली रुकी हुई है। उसकी इंटर्नशिप का यह आख़िरी हफ़्ता है। लास्ट संडे को वह सरमन देगी, जिसके लिए उसने बाइबिल से कुछ हिस्से चुने हैं। अब वह उनकी व्याख्या करने में जुटी हुई है। सरमन का टॉपिक है—'फ्री विल'।

इसोकाइरो अपने मिज़ाज में एक ठेठ गाँव है, जहाँ मैं शायद पहली टूरिस्ट हूँ। यहाँ बाहर के लोग कम ही आते-जाते हैं। जो एकाध आते हैं, वे जल्दी ही पूरे गाँव की नज़र में आ जाते हैं। तीया को अब तक गाँव के सब लोग जान चुके हैं। उसने कई दोस्त भी बना लिए हैं। वह समय मिलने पर उनके घर चली जाती है। उसके

पास गाड़ी नहीं है, लेकिन कोई-न-कोई उसे लेने आ जाता है। मुझे भी उसके साथ कल डिनर के लिए न्योता मिल गया है। कोई हमें लिवाने आ ही जाएगा।

*

आज मैंने कुछ ज़्यादा नहीं किया। ज़्यादा कुछ करने को है भी नहीं। तीया पढ़ाई करने में बिज़ी थी तो मैं आसपास के खेत देख आई। चर्च देखने गई। जहाँ वह रुकी थी वहाँ के सब कमरे और उनमें रखा सामान देखा। क्या आप भी देखते हैं दूसरों के घर का सामान? मैं अगर किसी और के घर में अकेली रुकूँ तो सारी अलमारियाँ, सारे दराज़, सारे दरवाज़े—सब के सब—खोलकर देख लूँ! आपका इकट्ठा किया सामान कई बार आपसे ज़्यादा बता देता है आपके बारे में। यह शायद मेरी फ़ेवरिट एक्टिविटी है; औरों का सामान देखना और उस सामान के पीछे की कहानी सोचना—कहाँ से आया होगा, क्या सोचकर लिया होगा, क्यों लिया होगा, क्या यह सामान यहाँ आकर ख़ुश है, इसका कितना इस्तेमाल होता होगा, कैसे होता होगा, कब होता होगा? फिर कुछ देर बालकनी में बैठकर नदी देखी और एक किताब के कुछ पन्ने पढ़े। शाम को तीया मुझे आसपास घुमाने ले गई। हमने सुपर मार्केट से डिनर के लिए मछली और कुछ आलू लिये। तीया ने साबुत मसूर और चुकन्दर का सूप पहले से बनाकर फ्रिज में रख रखा था। घर आकर उसने मछली पकाई और आलू भुने। मैंने सूप गरम किया। फिर हमने एक बड़े-से, बीस कुर्सियों वाले, लास्ट सपर टाइप के डाइनिंग टेबल पर बैठकर खाना

खाया। हम छह बजे डिनर कर चुके थे, अब क्या करते? तो हम यों ही पैदल टहलने निकल पड़े। कुछ देर चलते रहे तो एक पब मिला, जहाँ हमने जिन-टॉनिक पिया। थोड़ी दूर बाद हमें एक और पब दिखा, जिसमें कराओके (Karaoke) चल रहा था। हालाँकि वह अन्दर से एकदम ख़ाली था। हमने वहाँ जाकर एक और जिन-टॉनिक पिया और कुछ देर अंग्रेजी गाने गाए, नीचे लिखे लिरिक्स पढ़-पढ़ कर। यों ही टहलते-बतियाते नौ-दस बजे तक हम दोनों वापस आ गए। मैं तो फ़ौरन सो गई। तीया को शायद और पढ़ाई करनी थी। अगली सुबह उसका सरमन था।

*

मैं जल्दी उठ चर्च का एक चक्कर लगा आई। आज इस गाँव में तीया का आख़िरी दिन है तो सब लोग उसके फ़ेयरवेल की तैयारी कर रहे थे। नौ बजे तक गाँव वाले चर्च में इकट्ठा होने लगे। ज़्यादातर लोग अधेड़ उम्र के थे। चर्च में गाने वालों के अलावा कोई जवान या बच्चा नहीं दिखा मुझे। गर्मी का मौसम था तो लगभग सभी औरतों ने स्कर्ट और आदमियों ने ट्राउज़र पहन रखे थे। तीया ने सफ़ेद चोगा पहना था और गले में क्रॉस लटकाए हुए थी। उसने आल्टर में खड़े होकर अपना सरमन सुनाया। यह फ़िन भाषा में था तो मुझे कुछ समझ में नहीं आया, लेकिन तीया को आल्टर में खड़े होकर सरमन बोलते देखना ही मुझे वहाँ बिठा लेने के लिए काफ़ी था। सरमन के बाद बहुत से लोग तीया से मिलने आने लगे। सब उसके सरमन की तारीफ़ कर रहे थे और ख़ुश थे कि उसके जैसी

जवान लड़कियाँ अब बाइबिल ख़ुद इंटरप्रेट किया करेंगी। सब उसके लिए कुछ-न-कुछ तोहफ़ा लेकर आए थे—कोई शहद, कोई जैम, कोई ब्रेड, कोई जिन तो कोई घर का बना मुरब्बा! तीया सबसे गले लग रही थी। सब चाय, कॉफ़ी पीते हुए केक खा रहे थे और तीया को इंटर्नशिप ख़त्म होने की मुबारकबाद दे रहे थे। यह सब अजनबी भाषा में होते हुए भी एकदम समझ में आने वाला था।

*

दोपहर को हमें यौनि और तीन्ति लेने आ गए। हम जा रहे थे उनके दोस्त मीया और यूक्का के घर। यहाँ बोलचाल में नाम के पहले अक्षर पर बहुत जोर होता है और दूसरे पर न के बराबर; जैसे—यूक्का को इंग्लिश में लिखेंगे Jukka और यौनि को Jouni; तीया या तीन्ति बोलते वक़्त 'ती' पर कुछ देर रुको और फिर जल्दी से बचा हुआ बोल दो—ती-इ-या, ती-इ-न्ति, मी-इ-या, यौ-औ-नी, यू-उ-क्का।

सबको पता लग चुका था कि भारत देश से कोई लड़की उनके गाँव आई है। शायद किसी इंडियन से उनकी यह पहली मुलाक़ात होगी। यूक्का हँस रहा था कि उनका गाँव अब इंटरनेशनल हो गया है। वहाँ दूर-दूर से लोग आने लगे हैं और उसका घर अब इस गाँव का हाईलाइट होगा।

मीया और यूक्का लकड़ी के एक बड़े-से घर में रहते हैं। यूक्का क़ब्रिस्तान में काम करता है, जहाँ उन दोनों की मुलाक़ात हुई। मीया तब अठारह साल की थी और यूक्का उससे चौदह साल बड़ा। प्रेम हुआ और दोनों एक साथ रहने लगे। मीया के घर वालों को यूक्का

की उम्र को लेकर थोड़ी फ़िक्र हुई, लेकिन उससे मिलकर वे बड़े ख़ुश हुए और निश्चिन्त हो गए। यह घर यूक्का का है। एक पुराना घर ख़रीदकर उसने इसे रेनोवेट किया है। यूक्का घर और बाहर दोनों कामों में काफ़ी निपुण है। वह खाना भी बना लेता है, देसी दारू भी; घर की छत भी और लकड़ी का फ़र्श भी; मुर्गी भी पाल लेता है और खरगोश भी; खेत भी जोत लेता है और क़ब्र भी खोद लेता है; एक्टिंग करने का शौक़ है तो कभी-कभी थिएटर और टीवी नाटकों में भी काम कर लेता है। मीया क्यों यूक्का के प्रेम में पड़ी, यह समझना ज़्यादा मुश्किल नहीं है।

दोनों दस साल से साथ हैं और अभी शादी करने की ज़रूरत महसूस नहीं करते। "अभी हमारे पास पाँच बिल्लियाँ हैं जो हमारे बच्चों जैसी हैं"—मीया कहती है। शायद कुछ साल बाद वे बच्चे पैदा करने की सोचें, तब क्या पता शादी भी कर लें। "मैंने सुना है, शादी करने से कुछ चीज़ें थोड़ी आसान हो जाती हैं"—वह मुस्कुराते हुए आगे जोड़ती है। हाँ, और शायद कुछ चीज़ें मुश्किल भी हो जाती हैं—मैं मन-ही-मन सोचती हूँ। इस गाँव में जितने भी कपल्स के घर मैं गई, उनमें से किसी की भी शादी नहीं हुई है। क्या शादी सिर्फ़ समाज की देन है? क्या सच में इसकी कोई ठोस ज़रूरत नहीं है? जब तक न हो, लगता है कि कब होगी—कब होगी; जब हो जाए तो लगता है, इतनी भी क्या ज़रूरी थी! शादी के दस-बारह साल बाद शायद ही कोई ऐसा जोड़ा होगा जो शादी के गुण गाता हो, लेकिन हम सब कुँवारों की शादी करा देना चाहते हैं।

अजीब बात है कि हमारे समाज ने इस विवाह-शादी नाम की संस्था का कोई दूसरा विकल्प नहीं ढूँढ़ा/स्वीकारा, जबकि बहुतेरी

दुनिया में शादी धीरे-धीरे पुराने ज़माने की बात होती जा रही है। जाने क्यों हमें लगता है कि इसके बिना पूरा समाज बिखर जाएगा। क्या बिन ब्याहे हम हेडलेस चिकन की तरह इधर-उधर घूम रहे होंगे? क्यों करते हैं हम शादी? हमारे समाज में दो तरह की शादियाँ हैं—अरेंज और लव। अरेंज में उम्र पहला कारण है—"उम्र हो गई शादी की, जल्दी कर दो"—यह उम्र अठारह से तीस के बीच कोई भी हो सकती है। दूसरा कारण ख़ास तौर पर लड़कों से जुड़ा है—'सुधर जाएगा, शादी करा दो', 'टाइम पे रोटी खा लेगा, ब्याह कर दो!' लड़कियों के लिए तो ज़्यादातर घरवालों की इज़्ज़त का मसला होता है—'जवान बेटियाँ हैं घर पे!' लड़की बड़ी हुई, मतलब हमने मान लिया कि अब हमें बाहर वालों से ख़तरा है। कौन हैं ये बाहर वाले? घर से बाहर तो समाज ही है न! मतलब हमें समाज से ख़तरा है? फिर भी हम उसी समाज को वैसे का वैसा बचाए रखना चाहते हैं। ग़ज़ब बात है! हमें पता है, हमारे समाज में हर उम्र की लड़की को ख़तरा है, क्या जवान, क्या बच्ची। शादीशुदा को भी ख़तरा है, अकेली का हाल क्या कहना... हर समय, हर जगह ख़तरा है। घर में, बाहर। ये कौन लड़कियाँ हैं? ये हमारी लड़कियाँ हैं। ये ख़तरा पैदा करने वाले कौन हैं? ये हमारे ही बाप-भाई, अपने-रिश्तेदार हैं। फिर भी हम इस समाज को बदलते देखना नहीं चाहते? जाति, धर्म, गोत्र, और तो और, क्लास की जकड़बन्दी से भी बाहर निकलकर नहीं सोचना चाहते!

दूसरी तरह की शादी है हमारे यहाँ—लव मैरेज; जिसे ज़्यादातर प्रेमी साथ रह पाने के लिए करते हैं। हमारे समाज में प्यार करने के लिए, एक साथ होने के लिए, सेक्स करने के लिए परमिशन लगती

है। एक लड़के और एक लड़की का प्रेम में होना काफ़ी नहीं है। लड़की किसके साथ प्रेम में है, किसके साथ होना चाहती है—इससे उसके भाई, बाप, चाचा, ताऊ, सबको फ़र्क़ पड़ता है। बहन अपने प्रेमी के साथ रहने लगे तो भाई की इज़्ज़त को ख़तरा हो जाता है। भाई नहीं है तो बाप की पगड़ी उछल जाती है। बाप भी नहीं है तो रिश्तेदार, यहाँ तक कि पड़ोसी भी अपनी-अपनी नाक की फ़िक्र में पड़ जाते हैं।

मैं अपने समाज के एक ऐसे आदमी को जानती हूँ, जिसने आज तक अपनी बेटी से इसलिए बात नहीं की क्योंकि उसने प्रेम विवाह किया; और उनकी 'इज़्ज़त' मिट्टी में मिला दी। और यह वही आदमी है जिसने मुझे बचपन में मेरे ही घर में मोलेस्ट किया था। ऐसे समाज को आप बचाना चाहते हैं? ग़ज़ब ही है! मैं तो माचिस लिये तैयार रहती हूँ...कई बार लगता है, इसे बदलना नहीं, फूँकना पड़ेगा। तब जाकर एक नए समाज की जगह बनेगी...

मीया और यूक्का को नहीं पता, सामाजिक दबाव किस चिड़िया का नाम है। कभी-कभी सोचती हूँ, कैसा होता होगा ऐसे, बिना दबाव के रहना?

आज यूक्का और मीया के घर डिनर है, लेकिन अभी उसमें काफ़ी वक़्त है। यूक्का हमें अपनी बहन ईरजा के घर चलने का न्योता देता है। ईरजा किसान है और कुछ ही किलोमीटर दूर रहती है। हम छह लोग दो गाड़ियों में निकल पड़ते हैं। वह बड़े चाव से हमें मिलती है और अपने फ़ार्म का टूर देती है। लकड़ी का बना एक बड़ा-सा घर है, अहाते में एक ट्रैक्टर और खेत में काम आने वाली कुछ और मशीनें हैं। घर के आगे-पीछे बाड़े हैं, जिनमें सूअर और

खरगोश हैं। खुले में मुर्ग़ियाँ और बतखें टहल रही हैं। सबके नाम रखे गए हैं और ईरजा उनके नाम ले-लेकर उन्हें हमसे मिलवा रही है। घर की दाहिनी तरफ़ गायों का बाड़ा है। उसके पास दस-बारह गायें हैं और वह दूध बेचने का काम भी करती है। दूध मशीनों से निकाला जाता है, एक बड़े-से ड्रम में इकट्ठा किया जाता है। वह ड्रम दूध को ठंडा भी रखता है। गायों के लिए घूमने-फिरने की पूरी जगह है। इनसान और जानवर का एक रिश्ता है यहाँ जो कुछ-कुछ अपने देश जैसा है, जहाँ मेरी बुआ की गाय का नाम सुन्दरी है और बछड़े का सुन्दरलाल। बुआ को सिर्फ़ अपने जानवरों की सेहत का ही नहीं, मूड का भी ख़याल रहता है। एक-दूसरे के बिना उनका दिल नहीं लगता है।

फ़िनलैंड में अपने यहाँ की ही तरह अभी छोटे किसान बचे हैं। बाक़ी अमरीका, इंग्लैंड में तो किसान रहे नहीं। अब वहाँ इंडस्ट्रियलिस्ट हो गए हैं। छोटे किसान धीरे-धीरे ख़त्म हो गए हैं। यहाँ भी धीरे-धीरे लोग खेतों से दूर जा रहे हैं। गाँव के लोग बताते हैं कि अब यहाँ जवान पॉपुलेशन बहुत कम है। जो बच्चे एक बार बाहर पढ़ने या काम करने चले जाते हैं, वे वापस आना पसन्द नहीं करते। गाँव वालों को फ़िक्र है कि धीरे-धीरे यह गाँव सिर्फ़ बूढ़ों का गाँव होकर रह जाएगा। हमारे यहाँ भी खेती, मज़बूरी का ही दूसरा नाम है। नौकरी और किसानी के बीच कोई विरला ही किसानी चुनेगा।

ईरजा अपने पति से अलग हो चुकी है और अकेले खेती करती है। उसके बच्चे भी दूर शहर के कॉलेज में पढ़ते हैं और कभी-कभार ही घर आते हैं। एक बॉयफ्रेंड है उसका जो अभी-अभी उसके साथ रहने आया है। यूक्का और उसकी बहन की आपस में अच्छी बनती

है, ज़रूरत पड़ने पर वे एक-दूसरे के लिए मौजूद होते हैं। इसके अलावा उनमें लेन-देन का कोई रिश्ता नहीं है। यहाँ कोई सीधा-कोथली, भात-संकरात के रिवाज नहीं हैं। दोनों में सिर्फ़ प्रेम का रिश्ता है। ज़मीन-जायदाद के बराबर अधिकार हैं। बहन को खेती पसन्द है तो वह खेती करती है। भाई को नहीं है तो वह नहीं करता। ऐसा नहीं है कि भाई करोड़ों की ज़मीन पर कुंडली मारकर बैठ गया है और होली-दिवाली पर कभी-कभार बहन को दो जोड़ी सूट दे आता है; या पुरखों के घर पर क़ब्ज़ा कर लिया है और पचास हज़ार का भात भर देता है। बहन ग़लती से प्रॉपर्टी में हिस्सा माँग ले तो बुरी हो जाती है। क़ानून होते हुए भी हमारा समाज बराबर के हक़ हज़म नहीं कर पा रहा है।

फर्स्ट वर्ल्ड/डेवलप्ड नेशन सिर्फ़ पक्की सड़कों, साफ़-सफ़ाई और बुलेट ट्रेन से नहीं बनता। आज के दिन भी अपने देश में मैं कितनी लड़कियों को जानती हूँ जो ख़ुशी-ख़ुशी अपने हिस्से की प्रॉपर्टी अपने भाई के नाम करा देंगी, क्योंकि उन्होंने मान लिया है कि भली लड़कियाँ ऐसा ही करती हैं। क़ानून होते हुए भी हम अपना हक़ नहीं माँग सकतीं तो झोल कहीं-न-कहीं हमारे संस्कारों और शिक्षा में है। लड़की के मन में छुटपन से कूट-कूट कर यही बात भरी जाती है कि वह इस घर में मेहमान है, उसे पराए घर जाना है। चाहे माँ-बाप कितने भी प्रेम करने वाले हों, उनके मन में भी समाज ने यही बात भरी हुई है कि लड़कियाँ पराई होती हैं। मायके में वे पराई होती हैं। ससुराल आपको पता ही है कितना अपना होता है उनका। किसी घर को हक़ से, खुलकर 'अपना' कह पाएँ, इसके मौक़े कब मिलते हैं लड़कियों को! बिना हक़दारी के तो कभी भी निकाली जा सकती

हैं। निकाले जाने के इसी डर में उनकी पूरी उम्र दूसरों को ख़ुश करने में बीत जाती है। फिर कहा जाता है—औरतें चालाक होती हैं।

ईरजा ने हमारे लिए ताज़े दूध की कॉफ़ी बनाई। घर में बना केक और मलाई भी खिलाई। अब बारी थी यौनि और तीन्ति के घर जाने की। मुझे एक-एक बार सब अपने घर ले जाना चाहते थे। मैं भी सबके घर देख लेना चाहती थी।

यौनि और तीन्ति ने अभी-अभी साथ में यह घर ख़रीदा है। दोनों पास वाले शहर में नौकरी करते हैं। उनका घर ऑफ़िस जाने वाले लोगों जैसा ही था। सोफ़े, कुर्सियों और परदों से सजा हुआ एक ड्राइंग रूम। एक बेडरूम, एक गेस्ट रूम, और दो बिल्लियाँ। जी हाँ, यहाँ सबके पास बिल्लियाँ हैं। एक-दो नहीं, कई-कई। यह बताने की ज़रूरत नहीं है कि शादी उन्होंने भी नहीं की है। मैं बिल्लियों की बात नहीं कर रही! फ़िलहाल घर सजाने का काम चल रहा है। पेंट करना, बुकशेल्फ़ बनाना, वॉलपेपर लगाना, और छोटी-मोटी प्लम्बिंग जैसे कामों में यहाँ के लोग ख़ुद माहिर हैं; तो वीकेंड पर आजकल वे यही कर रहे हैं। मदद कराने के लिए दोस्त भी आ जाते हैं और सब मिलकर घर बनाते हैं। मैं कब बुकशेल्फ बनाना सीखूँगी!

अब हम निकल लिए शहर की तरफ़। इसोकाइरो जिन (Gin) के लिए मशहूर है। हम उस लोकल जिन डिस्टिलरी में जा पहुँचे, जहाँ पब भी है। फ़िनलैंड काफ़ी महँगा देश है। यों सब नॉर्डिक देश महँगे ही हैं। हम सबने अपने-अपने लिए जिन-टॉनिक ख़रीदी। यहाँ किसी ने एक-दूसरे के लिए पे करने का ऑफ़र नहीं दिया। सबने लाइन में खड़े होकर अपनी-अपनी ड्रिंक के पैसे चुकाए और यह किसी के लिए अजीब नहीं था, सिवाय मेरे। हमें बहुत पसन्द है खाना

और खिलाना, ट्रीट देना और लेना, हमारी तो दोस्तियाँ इसी बात पर बन-बिगड़ जाती हैं। यों अपने-अपने लिए लाइन में खड़े होकर ड्रिंक ख़रीदना मुझे तो काफ़ी रूखा जान पड़ा। हम काफ़ी देर तक पब में लाइव म्यूज़िक सुनते रहे। मैंने और तीया ने एक-दूसरे के साथ डांस किया। मुझे कुछ-कुछ एग्ज़ॉटिक टाइप की फ़ीलिंग आ रही थी। मैं सबसे अलग दिख रही थी, जैसे कोई गोरा हमारे हरियाणा के गाँव में आ जाए! एक अनजान शहर के पब में अनदेखी न होने का अपना ही सुख है। काफ़ी अटेंशन एन्जॉय करने के बाद अब टाइम था डिनर के लिए वापस मीया और यूक्का के घर जाने का...

*

यूक्का ने बारबेक्यू तैयार किया था। खाने में कई तरह के भुने हुए मीट थे और आलू भी। साथ में थी दो-तीन तरह की शराब। फ़िनलैंड दुनिया के सबसे ठंडे देशों में आता है। यहाँ भरी गर्मियों में भी शाम को शॉल ओढ़ना पड़ता है। शराब और आलू यहाँ के जीवन का ज़रूरी हिस्सा हैं। हम रात बारह बजे तक खाते-पीते रहे। अब समय था अलविदा कहने का। तभी यूक्का ने अचानक मुझसे पूछा, “क्या इंडिया में सॉना (Sauna) बाथ होता है?” मैंने कहा, “बिलकुल होता है। काफ़ी मॉडर्न है हमारा देश। आजकल तो बहुत सारे जिम में सॉना होता है।” वह पहले तो थोड़ा चकित हुआ कि इतने गरम देश में सॉना क्यों? लेकिन उसे क्या पता, हमारे ग़रीब देश में पाँच सौ फ़ीट से भी ज़्यादा ऊँची मूर्त्तियाँ खड़ी हो गईं, तो यह तो एक छोटे कमरे में गर्म पत्थरों की बात कर रहा है।

उसने आगे पूछा, "क्या तुम्हारे सब घरों में सॉना होता है?"

"अजी, यह थोड़ा ज़्यादा हो गया। ऐसे मज़ाक भी मत उड़ाओ", मैंने कहा।

यूक्का ने हँसते हुए बताया कि वह पूछ इसलिए रहा है कि सॉना फ़िनलैंड की खोज है और यहाँ हर घर में सॉना होता है। जैसे हर घर में ग़ुसलख़ाना ज़रूरी है, इसी तरह यहाँ हर घर में सॉना भी ज़रूरी है। कई बार घरों में एक से ज़्यादा सॉना होते हैं, जैसे हमारे घर में दो हैं। एक इंडोर, एक आउटडोर—जो मैंने ख़ुद बनाए हैं। अब इस बात का मुझे नहीं पता था। हमारे लिए सॉना लग्ज़री है और इनके लिए ज़रूरत।

मीया ने मुझसे पूछा, क्या मैं अभी सॉना लेना चाहूँगी? मुझे लगा, अभी रात बारह बजे, खाना खा चुकने के बाद, जब जाने का समय होने आया है, वो ज़रूर मज़ाक कर रही होगी। मैंने कह दिया, "जरूर, व्हाई नॉट!" ये क्या, मीया तो छह तौलिये लेकर आ गई! अब हम सच में सॉना लेने वाले थे। एक-एक करके—पाँचों फ़िन, दो प्रेमी युगल और एक पादरी लड़की—सब मेरे सामने कपड़े उतारने लगे। सबने कपड़े उतारकर तौलिया लपेटा और सॉना की तरफ़ चल पड़े। मैंने तौलिया लपेटकर कपड़े उतारे और सॉना की तरफ़ चल पड़ी। बाहर अच्छी-ख़ासी ठंड थी तो तौलिये में दाँत बज रहे थे। सॉना में सबने तौलिये भी उतार दिए और अपना-अपना बदन सेंकने लगे। मैं तौलिये में ही ठीक थी। दस मिनट बाद सब बाहर निकले और खुले आँगन में नंगे खड़े होकर ठंड सेंकने लगे। फिर वापस सॉना में आए और ताप सेंकने लगे। बर्फ़ के मौसम में भी ये लोग ऐसा ही करते हैं। यह यहाँ एक तरह का ट्रेडिशन है। पहले सॉना लेना,

फिर बर्फ़ में नंगे भागना। इसी प्रक्रिया को कई बार दोहराना। इतने सारे नंगे फ़िन्न देखने के बाद भी मुझे अजीब नहीं लग रहा था...वे अपने होने में इतने सहज थे कि मुझे कुछ भी असहज नहीं लगा।

लेकिन इससे पहले कि मुझे यहाँ कोई और ट्रेडिशन रात के दो बजे करने को मिले, मैंने वापस चलने की बात कह दी।

*

अगली सुबह गिरजे के हेड पादरी ने अपनी गाड़ी में हमें रेलवे स्टेशन छोड़ा। हमें वापस हेलसिंकी जाना है। तीया लासी से मिलने को मरी जा रही है और मैं सेंट पीटर्सबर्ग जाने को।

४

बिनब्याही लड़कियाँ और डेढ़ कमरे का घर

हेलसिंकी में, मैं तीया के पास रुकने वाली थी। कोपेनहेगेन से आते हुए, बीच सफ़र में मेरा जहाज़ जब तकनीकी दिक़्क़त से तालिन उतर गया तो मैंने उसे मैसेज किया कि देर हो जाएगी। उधर से उसने जवाब दिया कि उन्हें एक फ़ेस्टिवल में जाना है। अगर समय रहते पहुँच गई तो उनके साथ मैं भी चल सकती हूँ, लेकिन नहाने-धोने की फ़ुरसत नहीं होगी, सीधा बैग रखकर भागना होगा। मुझे और काम ही क्या था! एक नए देश में, अनजाने शहर में, एक फ़ेस्टिवल भी देखने को मिल जाए, इससे अच्छा क्या होगा।

मैं ऐन मिनट पर घर पहुँची। तीया और उसकी फ़्लैटमेट हेली तैयार बैठी मेरा इन्तज़ार ही कर रही थीं। मुझे नहीं पता था कि तीया हेली के साथ रहती है। क्योंकि उसकी बहन कातिया भी इसी शहर में है तो मुझे लगा, दोनों साथ ही रहती होंगी। दो बहनें एक शहर में पढ़ती हों तो उनका साथ रहना तय है, कम-से-कम हमारे देश में

तो है। एक ही शहर में पढ़ाई के दौरान दो बहनें अलग-अलग रहें, यह कोई नॉर्मल बात नहीं है। मुझे अजीब लगा यह जानकर कि वे दोनों साथ नहीं रहतीं। साथ रहें तो एक-दूसरे पर नज़र रख सकती हैं, माँ-बाप को ख़बर कर सकती हैं। ये दोनों शायद इसीलिए साथ नहीं रहतीं। मुझे लगा, अगर मैंने पूछा तो उसे ज़रूर लगेगा कि यह कैसा बेतुका सवाल है। फिर भी पूछ लिया। तीया ने बताया कि कातिया अपनी गर्लफ्रेंड के साथ थोड़ी दूर रहती है और वे दोनों भी फ़ेस्टिवल में आएँगी।

गर्लफ्रेंड के साथ! क्या मैंने सही सुना? गर्लफ्रेंड क्यों बोली? अपनी फ्रेंड के साथ रहती है, कह सकती थी। कैसी गर्लफ्रेंड होगी? नॉर्मल लड़की दोस्त या वाक़ई 'गर्लफ्रेंड'! 'एक साथ रहते हैं' का क्या मतलब? कातिया—इकहरे क़द, लम्बे बालों और हरी आँखों वाली, बला की ख़ूबसूरत लड़की—क्या लेस्बियन हो सकती है! तीन साल पहले जब वह लन्दन में मेरे पास दो दिनों के लिए रुकी थी, तब तो उसमें ऐसी कोई बात नहीं दिखी थी।

मैंने अभी तक लेस्बियन लड़कियों के बारे में सिर्फ़ सुना था। एक से मिली भी थी, जब मैं तेरह साल की थी, एक स्पोर्ट्स कैम्प में। हमारा चेस का कैम्प था, उनका कुश्ती का। वह रेसलर थी। भारी शरीर और बॉय कट बालों वाली लड़की। वहाँ एक और लड़की थी जिसे वह प्यार करती थी। और सब लड़कियों से भी फ़्लर्ट करती रहती, पर मुझे बहुत पसन्द थी। उसके देखने में कुछ था। वह कभी-कभी इस तरह देखती कि शरीर में सिहरन-सी दौड़ जाती। मुझे उसका स्टाइल बेहद पसन्द था। हमेशा ट्रैक सूट पहनती और कभी मेकअप नहीं करती। जब बाक़ी लड़कियाँ घंटों में तैयार

होकर बाहर निकलतीं, वह बस यों ही बालों में हाथ घुमाती आ जाती। उसकी दोस्त पतली-सी थी, शर्मीली-सी—लड़कियों जैसी। दोनों हमेशा साथ रहतीं, एक-दूसरे की बाँह में बाँह डाले। कभी उनके कमरे में जाओ, जिसमें उनके अलावा दस-बारह लड़कियाँ और रहती थीं, तो वे दोनों हमेशा एक ही बिस्तर पर चादर ओढ़े मिलतीं। तब ज़्यादा समझ नहीं थी मुझे, लेकिन उन दोनों की ख़ुमारी साफ़ दिखती। वह मुझे अपनी लव स्टोरी सुनाती और कहती कि उसी से शादी करेगी। उसका कहना था कि उसके माँ-बाप कभी नहीं मानेंगे, लेकिन वह उसे भगाकर ले जाएगी। मुझे यह सब इतना रोमांटिक लगता...मैं सच्चे मन से मनाती कि उन दोनों की शादी हो जाए। तब तक मैंने 'लेस्बियन' शब्द सुना नहीं था। फिर भी उनका रिश्ता अच्छा लगता, उसमें कभी मुझे कुछ अजीब नहीं लगा। मैं सोचती, कितना अच्छा हो अगर ये दोनों हमेशा साथ रहें, कितना ख़ुश रहेंगी!

कई साल बाद मुझे पता चला कि उन दोनों लड़कियों की कहीं और शादी हो गई है। मुझे कोई हैरानी नहीं हुई। मैं दुनिया के तौर-तरीक़े समझने लगी थी। एक बार को ऐसा भी लगा कि शायद वह उनका एक फ़ेज़ था। सिर्फ़ लड़कियों का ही कैम्प था तो दोनों एक-दूसरे के साथ एक्स्प्लोर कर रही होंगी। वैसे भी हर लड़की थोड़ी तो लेस्बियन होती है। हमें एक-दूसरे को गले लगाने, चूमने, साथ सोने में कोई असहजता नहीं होती; बल्कि मुझे तो लड़कियों को चूमने में ख़ूब मज़ा आता है। बचपन के खेलों में हम सहेलियाँ यों ही एक-दूसरे को चूमती रहतीं, एक-दूसरे के साथ शादी कर लेतीं और फिर गले लगकर सो जातीं। एक-दूसरे की देह के सामने हम बिना कोशिश किए सहज होती हैं। एक तरह के आराम में होती हैं। एक भरोसे में होती हैं।

कॉलेज में मैंने लेस्बियन लड़कियों के बारे में सुना—'ये' है, 'वो' है। मुझे ठीक से समझ में नहीं आता। अपनी दोस्त को चूमने में तो मुझे भी मज़ा आता। वह छूती तो लगता कि छूती रहे। हम घंटों एक-दूसरे में सिमटे रह सकते थे। लेकिन फिर भी मुझे ऐसा नहीं लगता कि मैं लेस्बियन हूँ। लड़कियों के हॉस्टल में जहाँ सात बजे कर्फ़्यू लग जाता था, अठारह-उन्नीस साल की लड़कियों को बन्द कर दिया जाता, वहाँ या तो लड़कियाँ घंटों फ़ोन पर लड़कों से बातें करतीं या मेरी तरह अपने में सिमट जातीं। और क्या करतीं वे? एक अठारह साल की स्वस्थ लड़की, हॉस्टल के एक रूम की चारदीवारी में बन्द। जहाँ पड़ोस की आंटियाँ नहीं थीं, लेकिन वार्डन ज़रूर थी। आंटियों की कमी तो हॉस्टल की कुछ लड़कियाँ ही पूरी कर देती थीं, एक-दूसरे के बारे में गॉसिप कर-कर के—'वो ऐसी है', 'अरे, वो वैसी है।' भले ही वे सब ख़ुद भी कुछ 'ऐसी-वैसी' ही होना चाहतीं या होतीं भी, लेकिन समाज से मिला एक 'अच्छी लड़की' बनी रहने का दबाव, हम अपने साथ दिल्ली के हॉस्टल में भी ले आई थीं। जहाँ हम लड़कियाँ एक-दूसरे की साथी, राज़दार, सहेली, साहस, हिम्मत, प्यार सब हो सकती थीं, वहीं एक-दूसरे के लिए कॉम्पिटिशन बन गईं। यहाँ भी समाज ने हमें एक-दूसरे के ही ख़िलाफ़ खड़ा कर दिया। "तुम और लड़कियों जैसी नहीं हो"—अपने लड़के दोस्त के मुँह से यह सुनना हमारे लिए कॉम्प्लिमेंट बन जाता है। वो हमें एक-दूसरे के आमने-सामने खड़े कर देते हैं, और हम सब जो एक-दूसरे की हिम्मत बन सकती थीं, एक-दूसरे के लिए जलन, ईर्ष्या और जाने क्या-क्या बन जाती हैं!

कॉलेज में एक बार को मुझे लगने लगा था कि मैं बाईसेक्सुअल

हूँ। लेकिन फिर लगा कि शायद नहीं हूँ। कॉलेज के बाद मेरा पहला ब्रेकअप हुआ तो लगा, लड़के मेरे बस के नहीं हैं। वो कुछ और ही चीज़ हैं। तब लगा कि और ऑप्शंस देखने चाहिए। वह मेरे लिए तो पक्का एक फ़ेज़ ही था। मेरी देह में तितलियाँ उड़ने वाला जो अट्रैक्शन था, लड़कों के मुक़ाबले लड़कियों के प्रति वह बहुत कम था। लेकिन मुझे वे बेहद प्यारी ज़रूर लगतीं। मैं किसी आकर्षक लड़की को एकटक देख सकती थी, उसकी तारीफ़ में पुल बाँध सकती थी और साथ रह सकती थी, लेकिन शरीर कुछ और चाहता था।

दो लड़कियाँ इतनी क़रीब होंगी कि एक साथ घर लेकर गर्लफ्रेंड-गर्लफ्रेंड जैसे रहने लगेंगी, अभी भी मेरे लिए चकित करने वाली ही बात थी। कहने को मैं बड़ी मॉडर्न थी और समझती थी कि सेक्सुअल ओरिएंटेशन सबकी इंडिविजुअल चॉइस है, लेकिन कहने-सुनने और आमने-सामने देखने में फ़र्क़ है। मैं दोनों को एक साथ देखने के लिए बेचैन थी।

*

फ़ेस्टिवल एक छोटे से जंगल में था। फ़िनलैंड में जंगल जाने के लिए शहर से दूर नहीं जाना पड़ता। वह शहर के बीच में ही था या कहें कि फ़ॉरेस्ट के बीच शहर था और फ़ॉरेस्ट का मतलब पार्क नहीं, बड़ा पार्क भी नहीं—सच में जंगल। बेशुमार घने पेड़, छोटे-बड़े तालाब और दलदल, जो ढेर सारे पशु-पक्षियों का घर है। बस स्टॉप से हम लगभग बीस मिनट पैदल चलते रहे। जंगल शुरू हुआ। काँटों-भरी झाड़ियाँ थीं, छोटे-बड़े दलदल-तालाब थे, बेतरतीबी से पसरी घास

और जंगली बूटे थे, तरह-तरह के ऊँचे-नीचे पेड़ थे, लेकिन बीच में आराम से चल सकने के लिए साफ़ पगडंडियाँ भी थीं।

यह जंगल लोगों की आवाजाही से वाक़िफ़ था। वैसे अगर आपको रास्ता न पता हो तो गुम नहीं होंगे, यह कहना मुश्किल था। मैं हैरान थी, कैसे ये लड़कियाँ हर बार सही पगडंडी पकड़ रही थीं। मेरे लिए सब पगडंडियाँ एक जैसी थीं क्योंकि रास्ते में कहीं कोई साइन लगे हुए भी नहीं दिख रहे थे। लेकिन फ़िन्न लोगों का जंगल से काफ़ी याराना होता है। ये छुट्टी वाले दिन पूरे परिवार के साथ जंगल में बेरी और मशरूम चुनने आते हैं, यह यहाँ का एक ट्रेडिशन है। जंगलों में लोग इकट्ठे होते रहते हैं। ऊँची-नीची ज़मीन और चट्टानें, झाड़, बूटे और पेड़—इन्हीं के बीच, इन्हीं का स्टेज बनाकर अलग-अलग तरह के आयोजन करते हैं। ग़ज़ब ही है कि फिर भी इनके जंगल बचे हुए हैं। इनसानों के इतने दख़ल के बाद भी कैसे ये जस के तस हैं!

फ़ेस्टिवल के एंट्रेंस पर लकड़ी की एक मेज़ रखी थी। वालंटियर का टैग लगाए हुए कुछ जवान लड़के-लड़कियाँ वहाँ टिकट चेक कर रहे थे। लोग आपस में बतिया रहे थे और अपने साथ लाए गिलासों में शराब पी रहे थे। तीया ने बताया कि यह गर्मियों में होने वाला एक वालंटियर बेस्ड फ़ेस्टिवल है, जिसे 'समर फ़ेस्टिवल' भी कहते हैं। इसे कुछ लोग आपस में मिल-जुलकर ऑर्गनाइज़ करते हैं। ये लोग सोशल मीडिया पर इवेंट क्रिएट करते हैं और उसी के ज़रिये लोग टिकट ख़रीदते हैं। इन्हीं पैसों से सारे इन्तज़ाम किए जाते हैं, अलग से कोई स्पॉन्सर नहीं ढूँढ़ा जाता।

फ़ेस्टिवल में लोकल कवि, गायक, संगीतकार और कॉमिक ऐक्टर

बुलाए जाते हैं। सभी कलाकारों ने ट्रेडिशनल फ़िन्न कपड़े पहने थे। औरतें सफ़ेद और लाल रंग के ब्लाउज़-स्कर्ट पहने हुए थीं और आदमी पफ़ बाँहों वाली सफ़ेद शर्ट-पैंट और ऊपर लाल जैकेट। सभी ने कसे हुए फीतों वाले ऊँचे बूट पहने थे। सब एक-दूसरे के साथ घुल-मिल सकते थे, बातचीत कर सकते थे। कोई सिक्योरिटी नहीं थी, कलाकारों का कोई अलग से रूम नहीं था। वे वहीं एक कमरे में तैयार हो रहे थे, जहाँ सब सामान रखा था। सब कलाकार अपना-अपना एक्ट ख़त्म हो जाने के बाद वहीं ऑडियंस के बीच बैठ जाते या बाहर खाना खाने चले जाते। वहाँ किसी तरह की कोई हाइरार्की नहीं दिख रही थी। मैनेजमेंट, ख़ास मेहमान, कलाकार, वालंटियर और दर्शक—सबके लिए एक ही इन्तज़ाम था। एक ही कॉमन टेम्परेरी बाथरूम और एक ही लाइन में लगकर खाना।

टिकट की क़ीमत में शाकाहारी खाना—दाल, चावल, सब्ज़ी—भी शामिल था, जिसे कुछ वालंटियर बड़े पतीलों में से सबको परोस रहे थे। नाम पढ़कर लगा कि इंडियन खाना है, लेकिन उन्हीं चीज़ों को बनाने का तरीक़ा इतना अलग था कि उसमें मेरा जाना-पहचाना कोई स्वाद नहीं था। दाल को केवल पानी और नमक में उबाला गया था बिना कोई तड़का दिए। सब्ज़ियाँ—जैसे आलू, गाजर, गोभी, मटर, शलगम को एक साथ बस नमक और हल्दी के साथ पकाया गया था, बिना तेल या घी के। मैंने जीरे, घी, हींग, धनिया, मेथी, राई और मिर्चों को शायद ही कभी इतना याद किया हो। बाहर कुछ लोग बारबेक्यू पर सूअर के सॉसेज़ भून रहे थे और पाँच पौंड का एक बेच भी रहे थे। शराब सब लोग अपने साथ लाए थे।

शहर में आने से पहले जब मैंने तीया से पूछा कि उसके लिए

क्या लाऊँ तो उसने कहा था, "एयरपोर्ट से थोड़ी दारू।" फ़िन्न कहावत है कि फ़िन्न लोगों का क़र्ज़ या तो आप पैसे देकर चुका सकते हैं या शराब। बीस से तीस की उम्र के बीच के लोग थे यहाँ। सब शराब पी रहे थे, लेकिन कोई हुड़दंग नहीं था। बिना किसी सिक्योरिटी, पुलिस, स्कैनिंग या लाइन के भी सब एकदम स्मूद चल रहा था। एक बड़े से कच्चे-पक्के हॉल—जो शायद इसी तरह के इवेंट्स के लिए बना था—में सब लोग एक बड़ा-सा घेरा बनाकर ज़मीन पर बैठ गए। फ़िन्न भाषा में कविता पाठ शुरू हुआ। ज़ाहिर है, मुझे कुछ समझ में नहीं आया। मैं सबके कपड़े, स्टाइल, बर्ताव और चीज़ों की तरतीबी देखती रही। यहाँ आए लोगों ने हर स्टाइल के कपड़े पहन रखे थे। किसी लड़की ने स्कर्ट तो किसी ने जीन्स, कुछ पाजामा/नाइटसूट पहने आ गई थीं तो कुछ शॉर्ट्स पहने हुए। ज़्यादातर लड़कियाँ बिना मेकअप के थीं और कइयों ने सर मुँड़वा रखे थे। लड़कों का स्टाइल लड़कियों से कम नहीं था। कोई शॉर्ट्स और जीन्स में दिखा तो किसी ने स्कर्ट भी पहनी थी। किसी ने लम्बे बालों में हेयरबैंड लगाया था तो कोई गूँथे हुए था। किसी ने नाक में बाली पहनी थी तो कोई नेलपेंट लगाए हुए था। इतनी तरह के अलग-अलग लोगों को देखने से नए फ़ैशन ही नहीं दिखते, पुराने स्टीरियोटाइप भी टूटते हैं। आप जो देखने के आदी हैं, उससे अलग देखने पर पहले डरते हैं, फिर विस्मित होते हैं, फिर स्वीकार कर लेते हैं और फिर नक़ल करने लगते हैं।

यहाँ लड़कियाँ गिनती में लड़कों से कुछ ज़्यादा दिख रही थीं। ज़्यादातर वालंटियर भी वही थीं और ऑर्गनाइज़र भी। तीया और हेली भी वालंटियर थीं, फिर भी मुझे टिकट के पैसे देने पड़े और खाने

के भी। इन देशों में सब इतना साफ़ और ऑर्गनाइज़्ड है कि अच्छा और सरल तो लगता है, लेकिन कुछ समय बाद उबाऊ और रूखा हो जाता है। मैं हिन्दुस्तान से हूँ, शायद इसलिए! मुझे एक तरह के हॉच-पॉच की आदत है। जब उस डिस-ऑर्डर में ऑर्डर मिलता है तो एक तरह की एक्साइटमेंट फ़ील होती है, जिसकी कमी यहाँ खलती है। एक तरफ़ इतना भयंकर ऑर्गनाइज़ेशन और डिसिप्लिन और दूसरी तरफ़ इतनी ही भयानक डिस-ऑर्गनाइज़ेशन और इनडिसिप्लिन—इन दोनों के बीच में कोई जगह मिले तो मैं वहाँ रह जाऊँ।

कुछ देर कविता-पाठ के बाद गाना-बजाना शुरू हो गया, और घेरे में बैठे लोग खड़े होकर झूमने लगे। कुछ देर बाद सब नाचने-गाने वाले लोगों ने ब्रेक लिया और कॉमेडी स्किट जैसा कुछ शुरू हो गया। मुझे भाषा अभी भी समझ नहीं आ रही थी, लेकिन कॉमेडियंस हँस रहे थे, सबको हँसा रहे थे तो मैं भी हँस रही थी।

जो हॉल से बाहर खाना खाने जा रहे थे, वे बाहर ही रहते; और खाना ख़त्म करके ही अन्दर आते। कोई अपनी प्लेट अन्दर लेकर नहीं आया। हालाँकि 'अन्दर खाना लाना मना है' जैसा कोई नोटिस नहीं लगा है। यह सेंस कहाँ से आई है इन्हें? जवान लोगों की पार्टी हो और दारू चल रही हो, साथ में खाना भी हो तो मुझे अपने यहाँ की सोच कर तो हर तरफ़ प्लेट ही प्लेट नज़र आने लगती हैं... हर तरफ़ ज़मीन पर गिरा खाना और बिखरे प्लास्टिक के ग्लास! सिविक सेन्स कैसे आती है? मुझे याद है, कई बार अपने देश में मैं डस्टबिन ढूँढ़ते-ढूँढ़ते हाथ में लिया कचरा घर पर ही ले आती हूँ। यहाँ इतने डस्टबिन हैं कि कैसे भी फेंको तो शायद डस्टबिन में ही गिरेगा। स्वच्छ तो मैं रखूँ अपने देश को, लेकिन बिना पानी के फ़्लश

करना सीखना पड़ेगा। कितनी ही बार पर्यटन स्थलों पर भी टॉयलेट में पानी नहीं होता। फिर यों ही शायद गन्दगी की आदत पड़ जाती है। जहाँ सब इतना साफ़ हो, वहाँ फेंका कचरा अलग से चमकेगा। जहाँ पहले से ही कचरा हो, वहाँ थोड़ा और सही।

यहाँ वेन्यू से थोड़ी दूर टेम्परेरी टॉयलेट भी बने हैं। चूँकि जंगल है और अँधेरा है, वहाँ तक पहुँचने का रास्ता दोनों तरफ़ लगी मोमबत्तियों से दिखाया गया है। तीया ने बताया कि हर साल फ़ेस्टिवल अटेंड करने वाले लोगों की तादाद बढ़ती जा रही है। लेकिन यह कमर्शियल बिलकुल भी नहीं है और न ही यहाँ मीडिया को बुलाया जाता है। वर्ड टू माउथ और फ़ेसबुक इनविटेशन के ज़रिये ही यह फ़ेस्टिवल इतना बड़ा हुआ है।

वहीं मुझे मिलीं—कातिया और मैंडी। लम्बी स्कर्ट पहने, लम्बे बालों वाली, दोनों ही एकदम लड़कियों जैसी थीं! दोनों बड़े प्यार से मुझसे मिलीं, लेकिन एक-दूसरे का हाथ नहीं छोड़ा। जैसे कह रही हों कि उनके बीच में किसी और के लिए जगह नहीं है। सब दोस्तों के साथ होते हुए भी वे दोनों एक-दूसरे के साथ थीं। सबसे बात करते-करते बीच में दोनों किस करने लगतीं और फिर बातों में मशगूल हो जातीं। बीच-बीच में एक-दूसरे की तरफ़ देखतीं, फुसफुसातीं, मुस्कुरातीं। ऐसा प्रेमी जोड़ा मैंने कभी देखा हो, मुझे याद नहीं आता। दोनों जैसे एक ही थीं। मेरे मन में कौतूहल के अलावा जैसे कोई टीस भी थी। क्या कोई सच में इतने प्रेम में हो सकता है!

सारे प्रोग्राम ख़त्म होने के बाद जब स्लो लाइव म्यूज़िक शुरू हुआ तो दोनों एक-दूसरे की कमर में हाथ डाले नाचने लगीं। मेरे

अलावा शायद ही कोई उन्हें घूर रहा हो। फ़ेस्टिवल के बाद हम सब पास के एक तालाब पर बने लकड़ी के डॉक (Dock) पर चले आए और उसके किनारे बैठ पूरा चाँद निहारने लगे। दोनों लड़कियाँ चुपचाप एक-दूसरे का हाथ थामे आसमान की तरफ़ मुँह किए लेटी रहीं। मैं नज़र चुराकर उन्हें देखती रही, लेकिन वे मुझसे और अपने आसपास से बिलकुल बेख़बर थीं। भरी रात में, एक जंगल में, दो लड़कियाँ, बेख़बर, लेटकर, चाँद निहार सकती हैं, यह देखना मेरे लिए तो चाँद पर चलने जैसा ही था। जब हम सब घर चलने को हुए तब उन दोनों ने कहा कि वे बाद में आएँगी...

*

मैंने सबके लिए इंडियन खाना बनाया था। पड़ोस में एक नेपाली शरणार्थी की परचून की दुकान थी जहाँ मुझे ज़रूरत का सब सामान मिल गया। मैंने भिंडी, दाल, मटर पुलाव और बेसन का चीला बनाया। भारतीय खाने के नाम पर फ़िनलैंड में लोग सिर्फ़ नेपाली खाना जानते हैं। रेस्तराँ खुले तो हैं इंडियन फ़ूड के नाम पर, लेकिन बनाने वाले सब नेपाली हैं और स्वाद भी वहीं का है। यहाँ नेपाली शरणार्थी काफ़ी हैं। तीया और हेली कोशिश करती हैं कि उन्हीं की दुकानों से सामान लें, उन्हीं के रेस्तराँ में खाना खाएँ ताकि उनकी कुछ मदद हो सके। तीया बताती है कि हाल के इकोनॉमिक क्राइसिस की वजह से नेपाल और दूसरे ग़रीब देशों को दिए जाने वाले फ़ंड में काफ़ी कमी आई है। सरकार और भी कटौती करने वाली है।

मुझे लगा, ठीक ही तो है। दूसरे देशों की मदद करने से पहले सरकार अपने देश की हालत तो ठीक करे। जब मैंने तीया को यह बात कही तो वह हैरान होकर बोली, "फ़िनलैंड की हालत बहुत ठीक है। नेपाल के भूकम्प में फँसे लोगों से कहीं ज़्यादा ठीक। अफ्रीका की तरह यहाँ बच्चे भूखे नहीं मर रहे। लोग बेघर नहीं हैं। आज हम एक ग्लोबल दुनिया में रहते हैं, एक-दूसरे पर निर्भर। फ़िनलैंड में टमाटर स्पेन से आता है, चावल इंडिया और पाकिस्तान से, कॉफ़ी इथोपिया से। हमारे यहाँ तो सिर्फ़ आलू होता है। जब हम और देशों पर निर्भर हैं तो हम उनकी परेशानियों से मुँह नहीं मोड़ सकते। जब तक हम दूसरों की मदद करने के काबिल हैं, हमें करनी चाहिए।" उफ़, इक्कीस साल की यह लड़की!

डिनर टेबल पर तीन जोड़े थे—तीया और उसका बॉयफ्रेंड लासी, हेली और उसका बॉयफ्रेंड जिसका नाम अब मुझे याद नहीं, कातिया और उसकी गर्लफ्रेंड मैंडी; और मैं। ख़ूब सारी बातें हुईं, वाइन पी गई, थोड़ी बहस हुई, थोड़ा हँसी-मज़ाक़ हुआ, लेकिन कातिया और मैंडी की दुनिया जैसे उस टेबल पर सबके साथ बैठकर भी अलग थी। दोनों सबके साथ होते हुए भी एक-दूसरे में खोई थीं। मुझे और जानना था उनके बारे में। मैं उनके जीवन को अन्दर से देखना चाहती थी।

मैंने तीया से सलाह करके, अगले दिन अपने आपको उनके घर इनवाइट करा लिया; एक लम्बी बातचीत की आस में।

*

मकान नहीं था वह, उसके हर कोने में घर की गमक थी। हल्के रंगों के परदे, पेंटिंग्स, छोटे मूढ़े, बड़ी-सी टोकरी में रखे जूते, बेतरतीबी से लगा हुआ छोटे-बड़े तकियों से भरा बिस्तर, जामुनी रंग के फूलों के गुलदस्ते और एक बिल्ली। यह कातिया और मैंडी का घर था, डेढ़ कमरे का। एक कोने में बिस्तर, उसके तीन तरफ़ परदे, उसी कमरे में पार्टीशन करके लगा एक बड़ा-सा काउच, जिस पर रंग-बिरंगी शॉल बिछी थी। पढ़ने का एक कोना और आरामकुर्सी। सामने बड़ी-सी खिड़की से झाँकता एक पेड़।

कुछ झिझकते हुए मैंने बातचीत शुरू की। मैं उन्हें परेशान या नाराज़ नहीं करना चाहती थी। कुछ ऐसा नहीं पूछना चाहती थी जो उन्हें बुरा लगे या पूछने लायक न हो, लेकिन मैं सब कुछ जानना भी चाहती थी।

क्या लेस्बियन शब्द इस्तेमाल करना ठीक है?

"हाँ।'

मैंने आज से पहले किसी समलैंगिक जोड़े से बात नहीं की है तो मुझे नहीं पता, क्या पूछना ठीक है, क्या ग़लत और क्या बचकाना। अगर मैं कुछ ऊटपटाँग-सा सवाल पूछ लूँ तो प्लीज़, मुझे माफ़ करना। तुम्हें जो सवाल ठीक न लगे, उसका जवाब मत देना।

"चिन्ता मत करो। तुम हमसे खुलकर कुछ भी पूछ सकती हो।"

कातिया, तुम्हें पहली बार कब पता लगा कि तुम 'गे' हो?

"बारह-तेरह साल तक तो सब कुछ औरों के जैसा ही था, लेकिन जब स्कूल में और लड़कियाँ लड़कों के बारे में बात करतीं और अपनी हसरतें और सपने बयान करतीं तो मैं ख़ाली सुनती। तेरह साल की उम्र में लगा कि मुझे भी कोई बॉयफ्रेंड बनाना चाहिए, क्योंकि यही 'नार्मल' है। तो मैंने भी एक बॉयफ्रेंड बना लिया और ज़बरदस्ती सपने देखने लगी। मैं उसके साथ फ़िज़िकल नहीं होना चाहती थी, लेकिन मुझे लगा कि मुझे 'होना चाहिए'। 'नार्मल' होने का एक तरह का दबाव मैं महसूस करती थी तो मैंने उसे किस किया, उस किस से मुझे इतनी निराशा हुई कि मुझे घबराहट होने लगी। मैं सोच में पड़ गई कि जो बातें मैंने सुनी थीं, जैसा मुझे महसूस होना चाहिए था, वैसा कुछ मुझे हुआ क्यों नहीं? मुझे तो जैसे कुछ हुआ ही नहीं, न मेरे अन्दर तितलियाँ उड़ीं, न ही झुनझुनी हुई। उस वक़्त मैंने सोचा...I wish, I was someone else! मैं चाहती थी कि वह मुझसे ब्रेकअप कर ले। तब तक मुझे नहीं पता था कि मैं गे हो सकती हूँ। मुझे लगा कि शायद वो लड़का मेरे लिए सही नहीं है। लेकिन उस किस के बाद से लड़कों से एक दूरी बननी शुरू हो गई। अपने आप कोई दीवार-सी बननी शुरू हो गई। मैं सिर्फ़ ऐसे लड़कों से दोस्ती करती, जिन्हें पाना नामुमकिन होता। I had a crush on my teacher, who was married. May be because he was unavailable. मैं नार्मल भी रहना चाहती थी और अनकम्फर्टेबल भी नहीं होना चाहती थी।"

कातिया और मैंडी को देखकर लगा कि शायद कातिया लड़की के रोल में होगी और मैंडी जो थोड़ी टॉम-बॉय जैसी लग रही थी, वह लड़के का रोल करती होगी। ऐसे ही तो होता है। मैंने तो यही सुना था कि गे कपल्स में एक आदमी के रोल में होता है, एक औरत के। इतने सारे सवाल थे मेरे ज़ेहन में, सब कैसे पूछ लूँ?

कातिया ने मैंडी से पूछा कि क्या वह डिनर अभी करेगी। मैं भी उन्हीं के साथ डिनर करने वाली थी। मैंडी ने बताया, मशरूम का सीज़न है तो आजकल घर में ख़ूब मशरूम बनते हैं। वे दोनों वेज़िटेरियन हैं। कातिया तो डेयरी प्रोडक्ट का भी इस्तेमाल नहीं करती। डिनर दोपहर को बनाया जा चुका था। अभी बस गरम करना था। खाना ख़त्म करके मैंने और कातिया ने चाय पी, और मैंडी ने हॉट चॉकलेट। किसे बर्तन रखने हैं, किसे सर्व करना है, कौन चाय बनाएगा, कौन कप रखेगा, यह सब एकदम सिंक में था कोई जेंडर हाइरार्की नहीं थी।

"जब मैं सत्रह बरस की हुई तो मेरा लड़कियों पर क्रश होना आम बात हो गई। मैं बड़ी ख़ुश होती जब मेरी कोई लड़की दोस्त अपने बॉयफ्रेंड से ब्रेकअप करती।"

खिलखिलाते हुए कातिया कहती है।

"उन्हीं दिनों मैंने पहली बार एक लड़की को किस किया,

बहुत अच्छा लगा! उसके बाद मैंने कई लड़कियों को किस किया। उनके लिए शायद कभी-कभी मज़ाक़ होता होगा, लेकिन मुझे अपने गहरे में पता था कि मैं 'हेट्रो' नहीं हूँ।

"मैं अठारह साल की हुई तब अपने गाँव से देश की राजधानी हेलसिंकी आई। यहाँ गे प्राइड परेड का हिस्सा बनी। गे परेड वाले दिन मैंने एक गे लड़की को किस किया, वह बहुत अमेजिंग था। अपने को जानना और ऐसे इनसान से मिलना जो ख़ुद को जानता हो, बहुत ख़ास होता है। उस दिन मैंने मम्मी को फ़ोन करके बताया कि मैं गे हूँ।

"मम्मी ने कहा कि उन्हें पता था।

"पापा को जब पहली बार पता चला तो वो ग़ुस्सा नहीं, उदास हुए। डर गए। उन्हें शायद इस अनजाने रास्ते का डर था। 'रिश्तेदारों, दोस्तों से क्या कहेंगे'—शायद इसका डर था, लेकिन वे ग़ुस्सा नहीं थे।"

मैंडी के माँ-बाप का तलाक़ हो चुका है। वह बताती है—

"माँ को शायद पहले से अन्दाज़ा था, क्योंकि जब से मैं कातिया से मिली थी, उसका नाम बार-बार घर में सुनाई देने लगा था। मेरे बताने पर वह मेरे लिए ख़ुश हुईं कि फ़ाइनली मुझे कोई ऐसा मिल गया है, जिसके

साथ मैं ख़ुश हूँ। लेकिन पापा ने जब पहली बार सुना कि मैं एक लड़की को डेट कर रही हूँ तो उन्होंने दुबारा पूछा, जैसे उन्हें ठीक से सुनाई न दिया हो—'लड़की?' उन्हें अपने दोस्तों से मुझे और कातिया को मिलवाने में मुश्किल होती। कहते, 'दिस इज़ मैंडी, माय डॉटर, एंड दिस इज़ कातिया।' बस इतना ही। वे कातिया को मेरी गर्लफ्रेंड की तरह नहीं मिलवाते थे। वो नॉर्मल होने की एक्टिंग करते...लेकिन एक बार उनके मुँह से निकल गया कि वे ख़ुश हैं कि उनकी बेटी गे है, बेटा नहीं।

"मैं शायद आठ या नौ साल की थी, जब मैंने दो लड़कियों को किस करते हुए किसी वीडियो में देखा। मुझे बहुत अच्छा लगा। मेरा पहला क्रश भी कैटवुमन थी। मुझे लड़कों से फ़िज़िकल होने में डर लगता था। जब मैं पन्द्रह की हुई, तब एक लड़का मुझे चर्च कैम्प में मिला। मुझे वह पसन्द आया, लेकिन हमारे बीच कुछ हुआ नहीं। उसने एक बार मुझे किस करने की कोशिश की, लेकिन मैं दूर भागती रही...It was embarrassing... मुझे सोचकर ही घिन होने लगी। फिर वह भी थक गया... and he gave up!

"I was afraid of losing control, emotionally and physically...I avoided relationships or preferred to have impossible relationships like long distance or married men.

“जब उन्नीस की हुई, तब मैंने अपने बेस्ट फ्रेंड के साथ ख़ूब देर तक शराब पीने के बाद सेक्स किया। क्योंकि यही होता है, मैंने फ़िल्मों में देखा था, सबसे सुना था। तो मैंने भी किया। लेकिन वो अच्छा नहीं था। उस सेक्स का एहसास अच्छा नहीं था। ऐसा कोई ट्रॉमेटिक भी नहीं था उस वक़्त, लेकिन अब जब उसे याद करती हूँ तो वह कोई अच्छी याद नहीं है।

“जब मैं बीस की हुई, तब मुझे लगने लगा कि मैं गे हूँ। तब तक मैंने किसी लड़की के साथ कोई फ़िज़िकल टच महसूस नहीं किया था। जो दोस्त मेरी डेट फ़िक्स करने में इंट्रेस्टेड रहते थे, उनसे मैंने यों ही एक दिन कहा कि मैं लड़कियों में भी इंट्रेस्टेड हूँ। ज़्यादातर री-एक्शन सपोर्टिव थे। और तो और, कोई हैरान भी नहीं था; जैसे कि मुझे छोड़कर सबको पहले से पता हो। मैंने तब भी अपने पेरेंट्स को नहीं बताया। मैंने सोचा कि जब कोई मिलवाने को होगी, तब बताऊँगी।

“यह रियलाइज़ेशन होने के बाद मैं काफ़ी रिलैक्स हो गई। एकदम-से जैसे सब समझ में आने लगा। जैसे एक पहेली-सी सुलझ गई। अब सब फिट होने लगा था। अब मैं अपने लड़के दोस्तों के साथ भी ज़्यादा कम्फ़र्टेबल थी। अब कोई दिखावा नहीं था।”

मैं दोनों को ध्यान से सुन रही थी...

कातिया—"मुझे कभी लड़कों के कपड़े पहनने का शौक़ नहीं था। न ही मैं छोटे बाल रखना चाहती थी। लेकिन जब मैं स्कर्ट और हील्स पहनकर क्लब जाती तो सब आदमी मुझ पर लाइन मारते, कोई लड़की मुझे नोटिस नहीं करती थी। लेकिन मुझे अटेंशन तो लड़कियों की चाहिए थी तो मैंने बाल छोटे कराए और थोड़ा मैस्कुलिन एक्ट करने लगी, ताकि मुझे लड़कियों की अटेंशन मिले।"

मैंडी—"एक समय मैं गे दिखना चाहती थी। बाल छोटे कराए और लड़कों के जैसे चलने और दिखने की कोशिश करने लगी। ख़ूब सारी अटेंशन मिली, लेकिन मुझे लगा कि लड़कियाँ मेरी लुक को पसन्द कर रही हैं, जो मैं हूँ उसे नहीं। तो मैंने वापस अपने जैसा रहना शुरू कर दिया। मैं नहीं चाहती थी कि कोई लड़की सिर्फ़ मेरा हेयर स्टाइल या मैस्कुलिन स्टाइल देखकर मेरी गर्लफ्रेंड बने। मैं मैस्कुलिन हूँ नहीं। मुझे तो लम्बी स्कर्ट्स और लम्बे बाल पसन्द हैं। यंग लेस्बियन्स को ज़रूरत महसूस होती है अलग दिखने की, कुछ अलग करने की। एक बार ख़ुद में कम्फ़र्टेबल होने पर अपने जैसा हो सकना आसान है। फिर अलग दिखना ज़रूरी नहीं लगता...और मैं तो अभी भी नहीं जानती कि मेरी सेक्सुअलिटी क्या है, लेकिन मैं इस बात में भी कम्फ़र्टेबल हूँ कि मुझे नहीं पता। अगर मेरा कातिया से ब्रेकअप होता है तो मैं

लड़कों को भी डेट कर सकती हूँ। लेकिन आज मैं गे हूँ और लड़की के साथ हूँ।"

कातिया—"मैं भी मैस्कुलिन नहीं हूँ। न ही मैं किसी ऐसी लड़की को डेट करना पसन्द करूँगी जो मुझसे बहुत अलग हो। बहुत ज़्यादा मैस्कुलिन या बहुत ज़्यादा फेमिनिन। मैं सुपर गे हूँ। मैं कभी लड़कों को डेट नहीं कर सकती। एक बार बस में खड़ी मैं सोच रही थी कि अगर लड़कों को डेट करूँ तो क्या लाइफ़ ज़्यादा आसान हो जाएगी...मैं एक-एक करके सब लड़कों को देखने लगी...अचानक मेरी नज़र एक ख़ूबसूरत लड़की पर पड़ी और तभी मुझे लगा कि लड़कियाँ कितनी शानदार होती हैं! उस वक़्त मेरे पेट में हुई हलचल ने मुझे बता दिया कि पक्का मैं गे हूँ। किसी आदमी के साथ सेटल होने का ख़याल भर मुझे कँपा देता था। मैंने शादी करने की तभी सोची जब मुझे पक्का पता चल गया कि मैं गे हूँ। उससे पहले किसी लड़के के साथ रहने के ख़याल ने मुझे कभी नहीं लुभाया।"

*

यूँ तो फ़िनलैंड में समलैंगिकता को क़ानूनी दर्जा 1971 में ही मिल गया था, लेकिन आपस में शादी करने, बच्चा गोद लेने और एक-दूसरे का सरनेम ले सकने का क़ानून 1 मार्च, 2014 को पास हुआ।

उस दिन पाँच हज़ार फ़िन्न लोगों ने हेलसिंकी सिटिज़न स्क्वायर पर इकट्ठे हो एक साथ, एक स्वर में कहा—"थैंक यू!"

सितम्बर 2017 में कातिया और मैंडी ने शादी कर ली। कातिया की पादरी बहन तीया ने उनकी शादी करवाई। दोनों अब भी उस डेढ़ कमरे के घर में अपनी बिल्ली के साथ रहती हैं।

*

सुनना भी एक यात्रा है। जब हम किसी को सुन रहे होते हैं, उसके जीवन से गुज़रते हुए अपने जीवन को भी देख रहे होते हैं। कुछ हममें भर रहा होता है। कुछ से हम उबर रहे होते हैं।

५

'द स्क्रीम'

"लड़कों को तो जैसे बस सेक्स की ही पड़ी होती है! हर जगह बस यही ढूँढ़ते हैं। किसी को डेट पर लेकर जाना, एक इमोशनल कॉन्टैक्ट बनाना तो जैसे एग्ज़िस्ट ही नहीं करता। किसी को परवाह नहीं है, शरीर के अलावा कुछ भी और जानने-समझने की। मुझे घर बसाना है...मैं रोमांटिक हूँ...मुझे रिलेशनशिप में होना अच्छा लगता है...मुझे बच्चे भी गोद लेने हैं।" बोलते-बोलते निकोलस की बड़ी-बड़ी सुन्दर नीली गहरी आँखें दर्द से भर आईं।

*

ओस्लो में कोई काउचसर्फ़िंग होस्ट नहीं मिला तो मैंने airbnb बुक कर लिया। स्टॉकहोम से ओस्लो आना; जैसे पुणे से बम्बई आ जाना। बड़ा शहर, हर तरफ़ नई-नई इमारतें, गाड़ियों से भरी सड़कें, सूट-बूट

पहने काम पर जाते लोग, फ़ैंसी मॉडर्न बार, रेस्तराँ और स्टारबक्स, कोस्टा जैसे बड़ी चेन्स वाले कैफ़े। महँगी कॉफ़ी के अलावा यहाँ क्या मिलेगा मुझे? ओस्लो आते ही मुझे यहाँ से चले जाने का मन हुआ, लेकिन दो दिन का Airbnb बुक कर लिया था, पैसे भी दे दिए थे, तो रुक गई। मैंने शहर को एक तरफ़ छोड़ा और बस पकड़कर सीधे अपने होस्ट निकोलस के घर की तरफ़ मुड़ गई। सिटी सेंटर से लगभग आधे-पौने घंटे की दूरी पर उसका घर था। एकदम नई-सी दिखने वाली सोसाइटी थी, दुनिया-भर में हाल ही में बनी-बसी किसी भी और सोसाइटी जैसी ही। कुछ फ़्लैट्स वाली बहुमंज़िला इमारतें, कुछ रो-हाउस, बीच में एक मैनीक्योर्ड गार्डन, क्यारियों में फूल, बच्चों के खेलने की जगह, कुछ झूले और एक-दो मॉडर्न आर्ट टाइप स्टैचू, पास में एक नया-नया खुला ग्रॉसरी स्टोर और एक बस स्टॉप। अकेले ट्रैवेल करते वक़्त ऐसी जगहें बोरिंग चीज़ों की लिस्ट में टॉप पर आती हैं।

निकोलस मुझे सोसाइटी के बाहर लिवाने आ गया था। हाय, कितना सुन्दर लड़का! लम्बा क़द, मॉडलों जैसा सुडौल शरीर, चौड़ी छाती, कन्धे तक रेशमी हल्के भूरे बाल, बड़ी-बड़ी नाचती आँखें, और एक ख़ास अदा—जो देखने वाले को बाँध ले। यह लड़का ज़रूर कोई मॉडल-वॉडल होगा, मैंने मन-ही-मन सोचा। अब ओस्लो आना कुछ दिलचस्प लगने लगा था।

निकोलस का घर ग्राउंड फ़्लोर पर ही था। शायद यह रो-हाउस था, क्योंकि इसके ऊपर कोई और मंज़िल नहीं थी। लेकिन इससे सटे हुए और घर भी थे। मुझे बनावट एकदम से समझ में नहीं आई, लेकिन घर बहुत सुन्दर, सादा और आधुनिक था। नॉर्डिक देशों में

साल में दस महीने ठंड रहती है और ठंड में बर्फ़ अलग से गिरती है, जिसके चलते इन्हें अपने जीवन का बड़ा हिस्सा घर के अन्दर बिताना पड़ता है। तभी शायद इनके घरों का डिज़ाइन व आर्किटेक्चर इतना एडवांस है। यों डिज़ाइन के मामले में फ़िनलैंड, स्वीडन और नॉर्वे—तीनों ही काफ़ी माने हुए हैं। इनका डिज़ाइन सीधा-सादा और फ़ंक्शनल होने के लिए दुनिया-भर में मशहूर है। निकोलस का घर अन्दर से भी आधुनिक ढंग से सजा था। दरवाज़े से अन्दर जाती स्पेस में लगी थी चटक रंगों वाली पेंटिंग्स, खुली रसोई, बड़ा-सा सोफ़ा, आरामकुर्सियाँ, ढेर सारे छोटे-बड़े तकिये, फ़्लैट स्क्रीन वाला बड़ा टीवी, और सामने की दीवार में लम्बे काँच के दरवाज़े, हल्के रंगों के पर्दे और एक पालतू ख़रगोश। मैं यहाँ दो दिन रही और एडवर्ड मंच की पेंटिंग 'द स्क्रीम' देखने के अलावा सिर्फ़ निकोलस से बात की।

मैंने घर की तारीफ़ की तो निकोलस ने बताया, यह घर उसके बॉयफ्रेंड इग्गी का है जो एक हफ़्ते के लिए किसी काम से बाहर गया है। वह एक समलैंगिक सम्बन्ध में है, यह बात उसने बहुत सहजता से कही। मैं अभी तीया और मैंडी के घर से आ रही थी तो मुझे कुछ अचरज नहीं हुआ। बल्कि मैं सहज ही रही। यह तो वही बात हो गई कि जब मैं अपने शहर में बाइक चलाने वाली अकेली लड़की थी तो सब हैरानी से आँखें फाड़-फाड़ कर देखते थे, और अब जब शहर की आधी से ज़्यादा लड़कियाँ बाइक, स्कूटर और कार चलाती हैं तो सबको आदत पड़ गई है।

इस बार जैसे लोगों को मैंने नहीं, लोगों ने मुझे चुना है। मेरे लिए यह पहली बार था कि मैं एक लड़के गे कपल का घर इतने

नज़दीक से देख रही थी। लेस्बियन रिश्ता देखने के बाद यह गे रिश्ता समझने में मेरी दिलचस्पी बढ़ गई थी। क्या यह भी वैसा ही होगा? फिर अपने आप को झिड़का—क्या सब हेट्रो सेम होते हैं जो मैं सब होमो के सेम होने की सोच रही हूँ!

मैंने जल्दी से अपना सामान कमरे में पटका, दो कप चाय बनाई और बाहर निकोलस के साथ आकर बैठ गई।

*

"हाँ, तो बताओ ग्रीक गॉड, सुनाओ अपनी कहानी!"

निकोलस को पता था कि वह बेहद ख़ूबसूरत है। उसे अपनी ख़ूबसूरती की तारीफ़ सुनकर हैरानी नहीं हुई। मेरी तारीफ़ पर उसने आँखें नचाकर "I know" कहा, साथ ही जोड़ा—"I can give you tips, if you want!" उसने जब मेरे कपड़ों की तारीफ़ की तो मुझे लगा, जैसे किसी बड़े फ़ैशन क्रिटिक ने 'एप्रूव्ड' का ठप्पा लगा दिया हो।

कोई भी सिर्फ़ दो पल उसकी आँखों में झाँककर उसका दर्द महसूस कर सकता था। उसके पास कहने को बहुत था, दर्द में लिपटा हुआ, जिसे वह क़हक़हों के बीच बयान करता रहा...

अजीब बात है कि उससे मिले मुझे दस-पन्द्रह मिनट ही हुए थे और मैं इतनी कम्फ़र्टेबल हो गई कि लगने लगा, उससे कुछ भी पूछ सकती हूँ। मुझे लग रहा था, वह भी बहुत कुछ कह देना चाहता है। कई बार हम अपने दोस्तों के साथ भी इतने कम्फ़र्टेबल नहीं होते। बहुत-सी बातें सिर्फ़ इसलिए छुपा लेते हैं, या नहीं बताते क्योंकि वे

हमारे दोस्त हैं। हम उनसे मिलते रहेंगे और वे बातें हमारे बीच में कहीं रह जाएँगी। मुँह से निकली बातें कभी ख़त्म नहीं होंगी और उन बातों का बोझ आपकी दोस्ती पर शायद ताउम्र रहे। कई बार हम अनजान लोगों के साथ इतने सहज हो जाते हैं कि सब कह देते हैं। सिर्फ़ इसलिए क्योंकि अनजान लोग चले जाएँगे और हमारी बातें भी उनके साथ चली जाएँगी। हम उनसे फिर कभी नहीं मिलेंगे और न ही वे बातें फिर कभी दोहराई जाएँगी। हम कह देंगे सब कुछ। बिना चिन्ता किए कि अगर हम इनसे फिर कभी मिले तो ये हमसे फिर पूछेंगे, "तो आज कैसे हो?" ख़ास करके दुख; हम नहीं चाहते कि कोई हमें हमारे दुखों के कारण जाने। हम जिनसे रोज़ मिलते हैं, जो हमारे दोस्त हैं, हम नहीं चाहते कि वे हम पर दया करें। हम चाहते हैं, एक ख़ुशहाल इमेज बनाना, ताकि लोग हमें एक ख़ुशमिज़ाज, पॉज़िटिव, और ज़िन्दादिल इनसान के तौर पर जानें। निकोलस को पता था कि दो दिन बाद मैं चली जाऊँगी। हम शायद फिर कभी नहीं मिलेंगे। उसकी कही बातें भी मेरे साथ ही चली जाएँगी।

> "वह मुझे छू रहा था...हम खेल रहे थे...मुझे अच्छा लग रहा था...फिर अचानक बिना पूछे...He fucked me..."

"मुझे लगा, जैसे मेरा रेप हो गया है।"
सुनकर मैं सिहर उठी। बेचैनी से भर गई।

> "मुझे लगा, जैसे मुझे तोड़ दिया है किसी ने...उसने कंडोम भी नहीं पहना था...हमारे यहाँ ऐसा नहीं चलता...हम बिना कंडोम के कभी सेक्स नहीं करते...मैं उस वक़्त अठारह

साल का रहा होऊँगा, मेरा पहला कॉन्टैक्ट था किसी मर्द के साथ...मुझे अपना पहला एक्सपीरियंस ऐसा नहीं चाहिए था...मैंने हमेशा इसके बेहद ख़ास होने के सपने देखे थे...मैं बिखर गया था...मेरी माँ हमेशा कहती थी, गे लोग गन्दे होते हैं, क्रिमिनल्स जैसे!

"...लेकिन अब तो मैं ही ऐसा था, अपनी माँ की ही नज़रों में क्रिमिनल।

"...लेकिन इतना आसान नहीं है हमारे लिए, आज भी नहीं। पहली बात तो बहुत कम लोग खुलकर मान पाते हैं कि वो गे हैं। कितने ही लोगों से मैं मिला हूँ जो शादीशुदा हैं या रिलेशनशिप में हैं किसी लड़की के साथ, फिर भी सेक्स करने के लिए लड़का ढूँढ़ते हैं। तुम यक़ीन नहीं करोगी, मुझे बहुत सारे भारतीय और मिडल ईस्टर्न लोग मिलते हैं यहाँ, जो समाज के लिए हेट्रो होते हैं लेकिन असल में गे हैं।...वो बाहर आते हैं तो सिर्फ़ सेक्स करने के मौक़े ढूँढ़ते हैं। इस तरह के लोग थोड़े ही मुझे डेट करना पसन्द करेंगे। उन्हें तो बस एक ही चीज़ से मतलब है।"

निकोलस को एक अथाह रोमांटिक रिलेशनशिप की तलाश है, और इस तलाश में वह स्पेन से निकलकर दुनिया का चक्कर काटते हुए नॉर्वे आकर बस गया है।

वैसे तो मॉडर्न इमारतों और सब तरह की सुख-सुविधाओं के

अलावा कुछ ख़ास नहीं दिखा मुझे इस शहर में। मेरे लिए इस देश में निकोलस से मिलना और यहाँ के L.G.B.T.Q.I. क़ानूनों के बारे में जानना ही इस देश की हाईलाइट रही। निकोलस ने बताया कि कैसे नॉर्वे का क़ानून लेस्बियन, गे, बाईसेक्सुअल, ट्रांसजेंडर, क्वीयर, इंटरसेक्स (L.G.B.T.Q.I.) सबको हर तरह के हक़ देता है। यहाँ हम लोग साथ रह सकते हैं, शादी कर सकते हैं, बच्चे गोद ले सकते हैं। जो भी हक़ एक हेट्रोसेक्सुअल कपल को मिलते हैं, हमारे हक़ भी सेम हैं। उनकी तरह ही। नॉर्वे उन शुरुआती कुछ देशों में से है, जिन्होंने समलैंगिक रिश्तों को आपराधिक नज़र से देखना बन्द किया। 1981 में यहाँ क़ानून पास किया गया कि सेम-सेक्स जोड़ों के साथ किसी भी तरह का भेदभाव नहीं किया जाएगा। लेकिन यह सब होने के बावजूद दुनिया में मेजॉरिटी से अलग होना क्या आसान है?

निकोलस बताता है,

> "वैसे तो स्पेन में भी समलैंगिक शादियों को क़ानूनी हक़ मिले हैं, लेकिन वहाँ के लोग इतने धार्मिक हैं कि समाज में एक बड़ा तबक़ा अभी भी इसे बीमारी ही मानता है। मैं जब पाँच साल का था, तबसे अपनी माँ के मुँह से गे लोगों के लिए गालियाँ सुनता आया हूँ। वह उनके बारे में ऐसे बात करती, जैसे वे कोई ड्रग एडिक्ट हों या क्रिमिनल। लेकिन मैंने कोशिश थोड़े ही की थी गे बनने की! मुझे हमेशा से लड़के ही पसन्द थे।
>
> "मैंने पोर्न देखना शुरू किया चौदह साल की उम्र में, लेकिन मुझे लड़कियों की बॉडी देखकर कोई एक्साइटमेंट

नहीं होता था। मैं पोर्न देखते वक़्त सिर्फ़ लड़के के शरीर में इंट्रेस्टेड रहता...I looked for big dicks fucking... not big tits or blue eyes...मैंने सोलह साल की उम्र में एक दुकान से गे पोर्न चुराई...मुझे वह इतनी अच्छी लगी कि उसके बाद मैं सिर्फ़ गे पोर्न ही देखता...

"मेरे पास इंटरनेट के अलावा कहीं और से जानकारी का कोई साधन नहीं था। मेरे आसपास कोई भी गे कपल नहीं था, न ही गे लोगों के बारे में स्कूल में कुछ बताया गया। टीवी प्रोग्राम और फ़िल्में भी हमेशा हेट्रो कपल्स के लिए और उन्हीं के बारे में बनती हैं। तुम ही बताओ, कितनी किताबें, फ़िल्में, गाने समलैंगिक रिश्तों का ज़िक्र करते हैं? बचपन में कार्टून, कॉमिक्स, कहानियों से ही हमें पक्का बता दिया जाता है कि रोमांटिक रिश्ता सिर्फ़ मर्द और औरत के बीच ही हो सकता है, शादी सिर्फ़ लड़का-लड़की ही कर सकते हैं। गे होना नॉर्मल भी हो सकता है, या वे लोग भी एक सामान्य रोमांटिक सम्बन्ध में हो सकते हैं, मेरे आसपास ऐसा कहीं नहीं कहा गया था। मेरे आसपास गे होने का मतलब लड़कों के साथ लड़कों का सेक्स करना भर समझा जाता था।"

मेरा समाज तो कुछ भी समझने से इनकार करता है। झाड़-फूँक, टोना-टोटका, पूजा-पाठ, गंडा-तावीज़, मार-पिटाई—सब कुछ आज़माकर भी अगर किसी इनसान को होमो से हेट्रो नहीं बना पाएँ तो बीमार और पागल ज़रूर बना दें। मैं अपने गाँव-गोहांड में किसी

भी गे जोड़े को नहीं जानती। होंगे ही नहीं कहना मुश्किल है, कितनी ही कहानियाँ जानती हूँ जहाँ फ़लाँ फ़लाँ लड़कियों के कपड़े पहनना पसन्द करता था, फलाने की बीवी चली गई क्योंकि वो उसे नहीं छूता था, फ़लाँ फ़लाँ जनानियों की तरह रहता और अपनी बीवी के कपड़े पहनता था, और जाने कितनी ही दबे मुँह कही गई कहानियाँ।

> "मैं सिर्फ़ सेक्स में इंट्रेस्टेड नहीं था...I didn't want a guy to just fuck me...I wanted a man to take me for dinner and say I am special...I wanted someone to take me out of my mother's house... but that never happened...जब मैं सत्रह साल का था, तब मेरी मुलाक़ात एक ऐसे आदमी से हुई जो मुझे मोटरसाइकिल पर बिठाकर लम्बी-लम्बी राइड पर ले जाता...बस इतना ही...वह पसन्द था मुझे, फिर एक दिन वह नहीं आया...मैं जब किसी गे कपल को शादी करते देखता हूँ या उनके बारे में सुनता हूँ तो मुझे इतनी जलन होती है कि क्या बताऊँ!"—निकोलस ज़ोर से हँसकर कहता है।

मैंने कई लोगों की प्रेम-कहानियाँ सुनी हैं। अपने दोस्तों के ब्रेकअप देखे हैं। अकेले रहने वाले लड़के-लड़कियों को देखा है, लेकिन जीवन में प्रेम के प्रति इतनी निराशावादी सोच और प्रेम का इस क़दर भूखा इनसान शायद नहीं देखा था। निकोलस का पार्टनर इग्गी काम से दूसरे शहर गया हुआ था। निकोलस उसे हर थोड़ी देर में फ़ोन पर पूछता कि वह कैसा है और कहाँ है। निकोलस आँखों

में वेदना लिये ठहाका लगाता और कहता—

> "हम एक-दूसरे पर विश्वास नहीं करते और हमेशा लड़ते रहते हैं...हा हा हा...यह घर देख रही हो? यह मैंने सजाया है। मुझे ख़ूब शौक़ है घर सजाने का, खाना बनाने का, पार्टियाँ होस्ट करने का...लेकिन पता नहीं इग्गी को क्या पसन्द है! मुझे पता है उसे...बच्चे नहीं चाहिए..."

इग्गी अपनी ग़ैरहाज़िरी में भी हर पल वहाँ मौजूद था। निकोलस की बातों में, उसके ठहाकों में, उसकी शिकायतों में, उसकी आँखों में—हर जगह इग्गी के निशान थे। उसे हर पल डर लगा रहता है कि इग्गी को कोई और मिल जाएगा, वह बार-बार उसी का मैसेज देखने के लिए फ़ोन चेक करता है, वह हर पल जानना चाहता कि वो कहाँ है, क्या कर रहा है। यहाँ रहना, उसे सुनना मेरे लिए आसान नहीं था। इतने अविश्वास में प्रेम की जगह कहाँ है? इतने दर्द में कोई कैसे जी रहा है?

निकोलस एक फ़ैशन मॉडल है तो उसे रोज़ काम पर नहीं जाना पड़ता। वह रोज़ जिम जाता है, कभी-कभी पार्लर जाता है, हेल्दी खाना बनाता और खाता है; और शाम ढले कुछ दोस्तों से मिल लेता है। क्या उसकी ज़िन्दगी कभी आसान नहीं होगी? क्या उसे कभी वह नहीं मिलेगा जिसे वो ढूँढ़ रहा है? इस घर में एक बेचैनी थी, जिससे मुझे घुटन होने लगी थी। मेरा मन चीख़ने को हुआ। जो बातें वह हँसते-हँसते कह रहा था, मुझे लगा रोकर-चीख़कर कहता तो शायद एक आराम मिलता; उसे भी और मुझे भी।

वह बात करते-करते अब लंच बनाने लगा था।

"मैं बीफ बर्गर बना रहा हूँ। तुम्हारा लंच का क्या प्लान है? यह रसोई तुम इस्तेमाल कर सकती हो। मैं अपने खाने का बहुत ध्यान रखता हूँ और जंक फ़ूड नहीं खाता। शाम को मुझे जिम भी जाना है, फिर मेरी हेयर अपॉइंटमेंट है।"

मैं एकदम से अजनबी हो गई। वह ख़ुद में इतना खो गया कि भूल गया कि थोड़ी देर पहले ही उसकी छलकती आँखों ने मुझे शाम अपने साथ बिताने का न्योता दिया था...

*

कोई सेक्सुअल हो सकता है, ज़्यादा, कम या बिलकुल नहीं। अ-सेक्सुअल होना भी नॉर्मल है, लोग होते हैं। ज़रूरी नहीं, सबको सेक्स पसन्द हो या उनकी चॉइस सेम हो। जैसे हमारे यहाँ सबको ही लगता है कि सेक्स तो सब मर्दों को पसन्द होगा ही। जितना मिल जाए उतना कम। औरतें ही हैं जो सेक्स के लिए मना करती हैं, वरना आदमी तो हमेशा तैयार रहते हैं। यह सोच प्रॉब्लमेटिक ही नहीं, बहुत ग़लत भी है। औरतों को अ-सेक्सुअल या सेक्स के प्रति नीरस दिखाना भी एक तरह की चालाकी है, ताकि जब कोई औरत अपनी नेचुरल सेक्सुअल इंस्टिंक्ट दिखाए तो उसे चरित्रहीन या बेकार औरत का तमग़ा पहना दो ताकि वो कुढ़ती ही रहे और अपनी इंस्टिंक्ट के लिए ख़ुद को ही कोसे। आदमियों पर भी कम दबाव नहीं है। सेक्स कम चाहें तो कमज़ोर, न चाहें तो नामर्द, आदमी के साथ चाहें तो लौंडा। हमारा समाज इकहरी सोच से चलता है। वह एक ही तरह के—औरतों के लिए लालायित—सेक्सुअल आदमी को

स्वीकारता है, और एक ही तरह की—सेक्स को लेकर दबी-गूँगी रहने वाली—औरत को। इस दुनिया में दर्जनों तरह की सेक्सुअल ओरिएंटशंस हैं, और सैकड़ों तरह की पसन्द हैं, प्रेफरेंसेज हैं। उनके बारे में बात होनी चाहिए, ताकि मान्य से अलग कोई चीज़ हमें डराए नहीं। जो स्वीकृत है, उससे अलग को हम दुत्कारें नहीं।

सेक्स के बारे में बात होनी चाहिए, बेडरूम्स के बारे में नहीं...

*

चलो, मैं अब 'द स्क्रीम' देख आती हूँ—दोनों कानों पर हाथ रखे चीख़ता हुआ वह चेहरा...वाज़ मेकिंग सेन्स टू मी...

६

'पश्चिम' और धारणाएँ

वह कहती है, "शादी से पहले सेक्स करना पाप है!" इसलिए नहीं कि उसका कैरेक्टर सर्टिफ़िकेट ख़राब हो जाएगा या उसके घर का कॉन्ट्रैक्ट रेन्यू नहीं होगा, बल्कि इसलिए कि उसका धर्म उसे इसकी इजाज़त नहीं देता। ये ख़याल थे चौबीस साल की एक 'वेस्टर्न' लड़की के। ऐसा तो नहीं होता 'वेस्टर्न कल्चर!' मैंने तो कुछ और ही सोचा था। 'वेस्ट' के बारे में मेरी कई धारणाएँ थीं। यहाँ के लोगों के बारे में, इनके समाज के बारे में, ख़ासकर यहाँ के जवान लड़के-लड़कियों के बारे में। ये सब मैंने वहाँ गए या उन्हें देखे बग़ैर ही बना ली थीं। इस लड़की ने मेरी सारी धारणाओं को एकदम ध्वस्त कर दिया।

सुनहरे बालों वाली हैना पोलैंड के शहर क्राको से है। इंग्लैंड वह एक साल की पढ़ाई—एक्सचेंज प्रोग्राम के लिए आई है। और जैसे यूरोप के तक़रीबन सारे बच्चे कॉलेज से पहले, उस दौरान या

बाद में घूमने निकलते हैं, हैना भी घूमने निकली है। वह इंग्लैंड के उत्तर में बसे शहर न्यूकासल में पढ़ाई कर रही है और पहली बार लन्दन आई है। उसने मुझे काउचसर्फ़िंग पर रुकने की रिक्वेस्ट भेजी और मैंने एक्सेप्ट कर ली। लन्दन में यह मेरा पहला साल है और मेरे पास घूमने के लिए अभी पैसे नहीं हैं, तो जब तक मैं ख़ुद नहीं घूमती, घूमने वालों के लिए मेरा घर खुला है। इस साल मैंने दर्जनों घुमक्कड़ों को अपने घर में पनाह दी। कुछ सिर्फ़ होटल के पैसे बचाने के लिए रुके, कुछ एक-दूसरे को जानने-समझने के लिए। हैना उन लोगों में से थी जिसकी दिलचस्पी मेरे कल्चर, खान-पान, रहन-सहन को समझने में थी।

हैना दिन में घूमने जाती और कोशिश करती कि शाम को जल्दी वापस घर लौटे, ताकि मेरे साथ कुछ समय बिता पाए। वह किसी भारतीय घर में पहली बार रुकी थी और किसी भारतीय से पहली बार बातचीत कर रही थी। पूछने और बताने को उसके पास ढेर सारी बातें थीं। उसे डांस करने का शौक़ था और साल्सा की तो वह मास्टर थी। रात को खाने से पहले मुझे साल्सा के कुछ मूव्स ज़रूर सिखाती। कहने को तो साल्सा एकदम आसान है, बस दो स्टेप्स ही तो! लेकिन जो चीज़ बाहर से जितनी सरल दिखती है उसे मास्टर करते-करते उम्र बीत जाती है। हैना और मैं रोज़ शाम इकट्ठे खाना बनाते, नाचते और अपने-अपने देश की बातें करते। किसी दूसरे देश के इनसान को जानना, बहुत कुछ उसके देश को जानने जैसा है। मुझे पोलैंड अच्छा लगने लगा था।

आख़िरी दिन हैना पूरे समय घर पर ही रुकी और सुबह की चाय से शाम की वाइन तक हमारी बातें चलती रहीं। किसी पोलिश

से मेरी यह पहली मुलाक़ात थी। मुझे उसके पूरे समाज के बारे में जान लेने का लालच था। हालाँकि उसकी कल्चर 'वेस्टर्न कल्चर' है और वह मुझे पता है, तो मुझे कुछ ट्रेडिशंस और इतिहास के अलावा नया कुछ सुनने की उम्मीद कम ही थी।

लेकिन हैना ने मुझे एक ऐसे वेस्टर्न समाज की झलक दी जिसकी मैंने कल्पना भी नहीं की थी। वेस्टर्न देशों के बारे में मेरी जितनी भी धारणाएँ थीं वो या तो कुछ हॉलीवुड फ़िल्में देखकर बनी थीं या बॉलीवुड की फ़िल्मों से आई थीं या अपने आसपास वालों के स्टीरियोटाइप्स सुनकर बनी थीं। मैंने सुना था कि पश्चिमी लोग सेक्स तो ऐसे करते हैं जैसे पानी पी रहे हों, बिना गिल्ट के, किसी के भी साथ, कहीं भी! छोटी उम्र में बॉयफ्रेंड, गर्लफ्रेंड बना लेते हैं। फिर जल्दी-जल्दी ब्रेकअप, पैचअप। माँ-बाप की ज़्यादा इज़्ज़त नहीं करते। उन्हें ओल्ड एज होम में छोड़ आते हैं। माँएँ बच्चे पैदा होते ही उन्हें छोड़कर बाहर पार्टी करने चली जाती हैं। मौसी-चाची-बुआ को आंटी कहते हैं और बड़ों को नाम लेकर बुलाते हैं। रिश्ते-नातों को निभाने का रिवाज़ नहीं होता वहाँ। रोज़-रोज़ तलाक़ होते हैं, रोज़-रोज़ शादियाँ। बिनब्याही माँएँ, ख़ूब सारी पार्टियाँ, सेक्स, छोटे कपड़े, दारू और सिगरेट—बस यही उनका जीवन है।

लेकिन हैना का देश यूरोप का पूर्व है, वे लोग इंग्लैंड को वेस्ट समझते हैं, जबकि हम पूरब के लोग सब गोरों को वेस्टर्न समझते हैं। हम भी तो जापानियों के लिए पश्चिम होंगे। नहीं? लेकिन हमारे लिए पश्चिम एक दिशा से ज़्यादा एक 'सभ्यता' है, जिसे हमारा समाज एक ही नज़र से देखता है—नैतिक रूप से लगभग पतित। हैना ने मेरा परिचय कराया पश्चिम के एक ऐसे कट्टर कैथोलिक

समाज से जिसके विचार मेरे पूर्वजों के समाज के ज़्यादा क़रीब थे।

हैना कहती है, "सेक्स शादी के बाद अपने पार्टनर को दिया जाने वाला एक तोहफ़ा है।" वह नहीं चाहती कि इसे शादी से पहले खो दे। बाक़ी सब करना ठीक है; किस-विस, मेक-आउट वग़ैरह चलता है, लेकिन पेनेट्रेशन नहीं होना चाहिए। बाइबिल की दस कमांडमेंट्स के अनुसार इसकी मनाही है। धत्त तेरी की! इनसान का काम क्या जजमेंटल हुए बिना नहीं चल सकता? पहले मैं उसे जज कर रही थी, क्योंकि वह गोरी है और वेस्ट से है; और अब मैं उसे जज कर रही हूँ क्योंकि उसके विचार मेरी नानी से काफ़ी मिलते-जुलते हैं।

मुझे अपने कानों पर यक़ीन ही नहीं हो रहा था। वर्जिनिटी को 'चीज़' मैंने कभी नहीं माना। चाहे इसे मेरे घर के संस्कार कह लें या मेरी पढ़ाई-लिखाई। वर्जिनिटी भी कोई बचाकर रखने वाली चीज़ होती है, यह विचार मेरे दिमाग़ में कभी आया ही नहीं। मैं हमेशा से सेक्स के प्रति सहज रही हूँ। यह बहुत निजी है और दो या दो से ज़्यादा लोगों की अपनी मर्ज़ी का मामला है जो इस ऐक्ट में शामिल होते हैं। समाज, संस्कार, धर्म या राजनीति को इससे मतलब नहीं होना चाहिए। यह तो धर्म से भी ज़्यादा निजी है। जब तक यह मजबूरी, नशे, ज़बरदस्ती या किसी दबाव में आकर नहीं किया जा रहा, मेरे लिए बेहद पवित्र और ख़ूबसूरत है। एक लड़की से यह सुनना कि वो अपनी वर्जिनिटी अपने होने वाले पति के लिए बचा रही है, अगर नरम शब्दों में कहूँ तो मेरे लिए डिसअपॉइंटिंग था।

वर्जिनिटी एक बेहद पेट्रिआर्कल कॉन्सेप्ट है। इसे हमेशा से औरतों की सेक्सुअलिटी को दबाने के लिए इस्तेमाल किया जाता रहा है।

वर्जिनिटी को वर्च्यू कहना, बेड़ियों को संस्कार कहने जैसा है। एक औरत इसलिए पवित्र है क्योंकि उसने अपनी सेक्सुअलिटी को दबाए रखा है, यह पवित्रता का एक बेहद घटिया पैमाना है। औरतें बिना समाज, संस्कृति या धर्म के डिक्टेट किए, जब ख़ुद यह तय करने लग जाएँ कि वो किसके साथ, कब और कैसे सोना या नहीं सोना चाहती हैं, तो यह एक बेहद ज़रूरी और ख़ूबसूरत छलाँग होगी। मैं तंग आ गई हूँ अक्षय कुमारों, रणबीरों, खानों के प्ले बॉय अवतारों को फ़िल्मों में धड़ल्ले से दिखाए जाने से; और अन्त में वे सब सेटल हो जाते हैं पवित्र वन-मैन-वुमन विद्या बालनों, पादुकोणों और कपूरों के साथ। एक लड़की की सेक्स लाइफ़ यों तो किसी की बातचीत का टॉपिक हो ही क्यों, लेकिन अगर है तो लांछन के रूप में तो बिलकुल नहीं होना चाहिए। और यहाँ ये चौबीस साल की वेस्टर्न लड़की मुझे वर्जिनिटी का महत्त्व और ज़रूरत समझा रही है। मुझे अपने कानों पर भरोसा नहीं हो रहा था।

बातें आगे बढ़ीं तो और उलझती गईं। अब मैं एक-एक चीज़ को एड्रेस कर रही थी। मैं समझना चाहती थी कि हैना के विचार आ कहाँ से रहे हैं। उसके अनुसार समलैंगिक होना प्राकृतिक नहीं है और लड़कियों को पादरी नहीं बनाना चाहिए, क्योंकि उनकी अपनी समस्याएँ होती हैं, क्योंकि उनके मूड स्विंग्स होते हैं और वो माहवारी के समय कुछ भी बेतुका निर्णय ले सकती हैं। अबॉर्शन के बारे में मेरे विचार सुनकर वो मुझे ऐसे मुँह बाये देखती है, जैसे गाँव की मेरी काकी ने मेरे लिव-इन-रिलेशनशिप के बारे में सुनकर देखा था। उसके लिए अबॉर्शन मर्डर है, मेरे लिए चॉइस। हमारी बातचीत अब बहस बनने लगी थी, लेकिन वह अपने विचारों से इतनी आश्वस्त

थी कि उसने बहस भी नहीं की। वह मेरे हर तर्क को बड़े धैर्य से सुनती और अपनी सुन्दर मुस्कान के साथ कहती, "बाइबिल के अनुसार यह ग़लत है।"

उसके विचार जैसे भी हों, वो मुझे बुरी नहीं लगी। वह अपने धर्म की कमांडमेंट्स पर अडिग थी, मुझे सुनकर अचम्भित तो थी, लेकिन विचलित या ख़फ़ा नहीं थी। न ही उसने मुझे बाइबल गिफ़्ट की और न ही कन्वर्ट होने की सलाह दी; जैसा हमें लगता है कि हर ईसाई करता होगा। मुझे वह एक नेक दिल और भोली लड़की लगी। मुझे उसकी थोड़ी चिन्ता भी हुई। मुझे लगा जैसे इस वेस्टर्न दुनिया में यही एक नमूना है जो बच गई है। वह कैसे सर्वाइव करेगी इस दुनिया में; लेकिन मेरा भ्रम टूटा जब अगले ही साल मैं उसके पास, उसके शहर क्राको पहुँची।

*

क्राको एयरपोर्ट के रेस्टरूम में खड़ी मैं अपने बाल खोलकर फिर से बाँध रही हूँ। अपनी उँगलियाँ बालों में फिराते हुए मुझे एहसास होता है कि मुझे आज काम पर नहीं जाना। आज कोई क्लास नहीं है। आज किसी बच्चे को नहीं पढ़ाना है। आज न खाना बनाना है, न कपड़े धोने हैं, न ही घर साफ़ करना है। मैं यहाँ कुछ देर और खड़ी रह सकती हूँ। मुझे कोई जल्दी नहीं है। मैं अपने बैग से लिपस्टिक निकालती हूँ। शीशा देखती हूँ। इतनी रिलैक्स्ड हूँ कि रो सकती हूँ। बहुत देर शीशे के सामने ख़ुद को सजाती रहती हूँ।

उन दिनों मैं सप्ताह के सातों दिन काम करती थी। मेरे पास काम

पर जाने के लिए सिर्फ़ साइकिल थी। एक-एक घंटा दूर साइकिल चलाकर जाती, वापस आती; बारिश हो, आँधी हो या बर्फ़। मैं किसी भी काम के लिए मना नहीं करती थी। मेरे लिए हर जॉब लन्दन में मेरे सर्वाइवल और घूमने के लिए ज़रूरी था। पूरे हफ़्ते काम, काम और काम। चेस सिखाती—कभी स्कूलों में तो कभी क्लब्स में, कभी घरों में। हफ़्ते में दो बार अस्सी साल के एक बूढ़े को कहानियाँ सुनाने जाती। वापस घर आकर खाना बनाती। बचे समय में कपड़े धोती और घर की सफ़ाई करती। मैं पूरे साल बीमार तक नहीं होती थी। ऐसा नहीं है कि बीमार नहीं होती थी, लेकिन एक भी छुट्टी नहीं ली मैंने, न किसी त्योहार की, न जन्मदिन की। सबसे ज़्यादा बुरा लगता दीवाली पर। मुझे दीवाली पसन्द है, दीवाली की याद पसन्द है, मेरे लिए दीवाली घर है। मैं वह सब करना चाहती हूँ जो घर पर होता है—दीये लगाना, रंगोली बनाना, गुलाबजामुन बनाना, काजू कतली बनाना, नए कपड़े पहनना। दीवाली मनाना मेरे लिए घर जाने जैसा है। अगर ये भी न कर पाऊँ तो मैं शायद लन्दन में रुक ही न पाऊँ। तो मैं काम के बाद वह सब करती जो लन्दन को थोड़ा घर जैसा बनाए। यहाँ तो दीवाली की छुट्टी होती नहीं, एक दिन की भी नहीं। मुझे याद है इस बार जन्मदिन पर स्कूल में पूरे दिन की ट्रेनिंग थी। शाम को घर लौटी तो एक सहेली को कहा, "प्लीज़, खाना ऑर्डर कर ले और आ जा।" उसके बाद वाइन खोली और ख़ूब रोई। उन दिनों को सोचकर कई बार काँप जाती हूँ, कैसे इतना काम कर लेती थी और क्यों?

घूमना मेरे लिए शायद उस काम से एस्केप भी है। मैं जब गले तक भर जाती और लगता कि अब शायद टूट जाऊँगी तो अपना बैग

पैक कर लेती। गर्मियों की छुट्टियों तक मैं इन्तज़ार करती टूटने का, उससे पहले मैं ख़ुद को टूटने की भी इजाज़त नहीं देती थी। लन्दन में रहकर मैं आराम कर ही नहीं पाती। लन्दन को मैं हमेशा मेहनत और पैसे से जोड़ूँगी। कभी भी आराम, मौज, शान्ति और चैन के लिए नहीं। उसके लिए मुझे हमेशा वहाँ से बाहर निकलना होता है। क्या आपके साथ भी ऐसा होता है अपने शहर में? शहर के बाहर जाए बिना आराम नहीं आता? या सिर्फ़ मेरा ही जीवन मेरे शहर में इतना बेचैन था? लेकिन यह मेरा शहर कहाँ था! यह तो दूसरे देश का कोई और ही शहर था, यहाँ कोई आराम करने थोड़े ही आता है। एक मिडिल क्लास इनसान अपनों से दूर, अपने गाँव-क़स्बे से दूर, काम करने जाता है तो क्या वहाँ आराम ढूँढ़ना बेमानी है? गाँव में बुआ के पास बेल्ली में चाय पीकर जो शान्ति मिलती है, उसके गीतों में जो चैन है, वह मैं दुनिया घूमकर भी नहीं पा सकी हूँ। मैं पहले ख़ुशियों के लिए किसी इनसान पर निर्भर थी, अब घूमने पर हूँ; हूँ तो निर्भर ही। नहीं?

*

अब मुझे एयरपोर्ट से शहर जाना है। पन्द्रह मिनट बाद ट्रेन चलेगी जो मुझे सिटी सेंटर ले जाएगी। वहाँ से बस पकड़कर हैना के घर। मैं उसके यहाँ एक हफ़्ता रुकने वाली हूँ। मुझे आने वाले ख़ाली समय के बारे में सोचकर ही सिहरन हो रही है। मेरा कोई भी प्लान नहीं है। मुझे कुछ भी नहीं करना है। घर किसी और का, शहर पराया, मैं अकेली और समय ही समय! मैं देर रात तक जागकर पढ़ सकती हूँ

या फिर रात के एकान्त में टहलने निकल सकती हूँ...विस्ला नदी के किनारे बैठ पानी में चाँद की परछाईं देख सकती हूँ...बेकाम ख़ाली गलियों में टहल सकती हूँ...कहीं भी किसी भी समय ठहर सकती हूँ...ठहरी रह सकती हूँ...यह ख़याल ही कितना मीठा है। मैं स्टेशन से बस पकड़कर हैना के घर आ गई। वह मेरे लिए लेटरबॉक्स में चाबी छोड़ गई थी। मैं घर में चाय का सामान तलाशती हूँ और चाय बना एक धूप छनती खिड़की में बैठ जाती हूँ।

हैना और मैं लगभग दो साल बाद मिल रहे थे। उससे मिलना किसी पुरानी सहेली से मिलने जैसा था। हमारे पास ढेरों बातें थीं करने को, पूछने को, बताने को। वह ऑफ़िस से जल्दी आ गई और मुझे अपने घर से मिलवाया; मैं कहाँ सोऊँगी, धुली चादर, तौलिया, पानी—उसने सब कुछ तैयार रखा था। यह तकरीबन भारतीयों जैसी ख़ातिरदारी थी। शाम को उसने अपनी माँ के हाथ का बना गोश्त गरम किया और हमने उसे ब्रेड के साथ खाया। हैना के माँ-बाप क्राको से थोड़ी दूर एक गाँव में रहते हैं। उसे जब भी समय मिलता उनके पास चली जाती। उसने बताया कि उसका उसके फ्रेंच बॉयफ्रेंड से ब्रेकअप हो चुका है और फ़िलहाल उसका नया बॉयफ्रेंड है; मार्क, जो उसी के धर्म का है और दोनों जल्द शादी करना चाहते हैं। दोनों का धर्म एक है तो शादी का उनका फ़ैसला आसान हो गया है। दोनों ही काफ़ी रिलीज़ियस हैं और हर इतवार चर्च जाने के अलावा भी चर्च के कामों में हिस्सा लेते हैं। हैना बताती है कि वह मार्क के साथ ख़ुश है और उसे लगता है, उसे वो मिल गया है जिसे वह ढूँढ़ रही थी।

चार कमरे के इस घर में हैना दो और लोगों के साथ रहती है।

एक लड़का जो फ़िलहाल एक साइकिल ट्रिप पर गया है, जिसका कमरा मुझे मिला है और एक और लड़की जो दो दिन में एक तीर्थयात्रा से लौटने वाली है। गोरे और तीर्थयात्रा! सुनकर मैं चौंकी। भारत में तो मैंने कुछ गोरे देखे हैं—बनारस में धर्म ढूँढ़ते, भगवान खोजते! लेकिन इनके देश में तीर्थयात्रा?

पोलैंड यूरोप का सबसे धार्मिक देश है। जहाँ इंग्लैंड और नॉर्डिक देशों में धर्म न के बराबर होता जा रहा है, वहीं पोलैंड के अस्सी प्रतिशत नौजवान कैथोलिक ईसाई धर्म को मानते हैं। दूसरे नम्बर पर आता है उसके उत्तरी सरहद से सटा लिथुआनिया, जहाँ सत्तर प्रतिशत नौजवान धार्मिक हैं। मजे की बात है कि उसकी दक्षिणी सीमा से सटा चेक रिपब्लिक सबसे कम धार्मिक है, जहाँ दस प्रतिशत से भी कम लोग धर्म को मानते हैं। ये सारे पोस्ट-कम्यूनिस्ट देश हैं। कम्यूनिज़्म के दौरान इन देशों के सारे चर्च उजाड़ दिए गए थे। कम्यूनिज़्म के जाते ही सबसे पहले खुले—चर्च के दरवाज़े!

रात को हैना और मैं शहर की ज्यूइश डिस्ट्रिक्ट* की तरफ़ घूमने निकले। वह बताती है कि यह शहर का सबसे कूल इलाक़ा है। यहाँ बहुत से नए-पुराने कैफ़े हैं, पब्स हैं, लाइव म्यूज़िक और डांस क्लब्स हैं, दोस्तों के साथ तफ़रीह करने की यह सबसे मशहूर जगह है। हम चलते-चलते पहुँचे एक बड़े से चौक पर, जहाँ कई तरह के खाने की दुकानें खुली हैं। कुछ स्टॉल्स पर तरह-तरह का मीट भूना जा रहा है, सैंडविच की एक दुकान पर लम्बी लाइन है। यह यहाँ का सबसे मशहूर सैंडविच शॉप है, क्योंकि एक ट्रैवेल गाइड में

---

* ईस्ट यूरोप के हर शहर में एक ज्यूइश डिस्ट्रिक्ट होता है, जहाँ यहूदी रहते थे। यहाँ यहूदियों को शहर के और लोगों से अलग रखा जाता था।

इसका नाम छप गया था। अब सब लोग यहीं से खाना पसन्द करते हैं। चाहे इसके बग़ल वाला भी वैसा ही सैंडविच बेच रहा हो और उसकी दुकान ख़ाली पड़ी हो, लेकिन लम्बी लाइन देखकर लगता है कि इसी लाइन में खड़े होकर जो मिलेगा वही सबसे बढ़िया है। हम लाइन में खड़े हुए और आधे घंटे बाद जो हमें मिला, उसे खाने की सलाह मैं किसी और को कभी न दूँ। लेकिन बिना लाइन में खड़े हुए यह बात पता नहीं चलती।

छोटा-सा शहर है क्राको। चाहो तो एक दिन में पैदल घूम लो। सब कुछ है यहाँ, इतिहास भी, कल्चर भी, आर्किटेक्चर भी, बाज़ार भी, नदी भी, मॉल्स भी, शान्ति भी, चहल-पहल भी, और औरतों को रात-बेरात बेफ़िक्री से घूमने की आज़ादी भी। कितनी छोटी-सी बात है, लेकिन कितनी ज़रूरी। सब कुछ हो आपके शहर में लेकिन उसे देख सकने की इजाज़त न हो, रात की अँधेरी गलियों में डर भरा हो, अपने ही शहर की अपनी ही बसों में फ़ब्तियाँ हों, भीड़ में चिकोटियाँ हों, अकेले में कुछ अनहोनी हो सकने का भय हो, इनसान पर इनसान को सन्देह हो तो उस होने का मतलब क्या है!

शहर या कोई जगह अपनी भव्यता से नहीं, कुछ और बातों से अपना लगता है। क्या है वह कुछ और, कभी सोचा है? मेरा मन तड़प उठता है ऐसी जगह के लिए, जहाँ मेरी भाषा हो, मेरे लोग हों, मेरा घर हो, मेरे त्योहार हों, मेरे दोस्त हों, मेरा कॉलेज हो, मेरा काम हो और पास ही मेरा गाँव भी हो। सपने जैसी बात लगती है, काम के पास गाँव होना, गाँव के पास आज़ादी होना, आज़ादी के पास अपनों का होना, अपनों के पास प्यार होना, प्यार के पास

बेफ़िक्री होना, बेफ़िक्री के पास भरोसा होना, भरोसे के पास साहस होना, साहस के पास आँखें होना, आँखों के पास कान होना, और कान के पास तुम्हारे होंठ होना...

*

अगले दिन हैना का ऑफ़िस था। मैं भी जल्दी उठ गई। उसने नाश्ते में कॉफ़ी और ब्रेड का एक टुकड़ा खाया और मुझे हर्बल टी का एक कप थमाकर चली गई। मुझे शाम को सिटी सेंटर में मिलने का बोल गई और मार्क से भी मिलवाने का। शाम से पहले मेरे पास पूरा दिन था कुछ भी न करने के लिए, और मैंने 'कुछ भी' नहीं किया। ख़ाली गलियों में टहली, हर थोड़ी देर बाद रुककर कुछ खाया, लोकल दुकानें छानीं, फ़्ली मार्केट गई और दस-बारह इयररिंग्स और छोटे पत्थरों और धागों से बना एक नेकलेस ख़रीदा। शाम तक यों ही टहलते-टहलते मैं सिटी सेंटर भी पहुँच गई। यहाँ तो कॉन्सर्ट जैसा कुछ हो रहा है! पूछने पर पता चला कि यह सत्संग है।

हैना ने बताया था, अगले हफ़्ते क्राको शहर में एक बड़ा धार्मिक मेला लगने वाला है, जिसमें पूरी दुनिया से लाखों लोग आएँगे। यह मेला तीन दिन का है, जहाँ कैथोलिक धर्म के सबसे बड़े गुरु पोप भी आएँगे। कुछ लोग हैना के घर भी रुकेंगे। वह बताती है कि सारा इन्तज़ाम सरकार और चर्च ने मिलकर किया है। टेम्परेरी हॉस्टल बनाए गए हैं, बाहर से आने वालों को ठहराने के लिए। लेकिन मदद के लिए लोकल लोग भी अपना घर और खाना-पीना ऑफ़र कर रहे हैं। यह मेला हर दो-तीन साल में अलग-अलग देशों में लगता है।

साल-भर से इसकी तैयारी हो रही है। आजकल शहर में रोज़ शाम को बड़ा सत्संग होता है, रॉक कॉन्सर्ट जैसा।

एक बड़े से स्टेज पर ख़ूब सारी लाइटें हैं, धुआँ-धुआँ भी है, ड्रम्स-गिटार और पूरे बैंड के साथ भजन गाए जा रहे हैं। बड़े-बड़े कई सारे स्क्रीन लगे थे, जिन पर वीडियो और भजन चल रहे थे। हालाँकि सारे भजन पोलिश में थे, लेकिन धुन इतनी अच्छी थी कि मैं भी गुनगुनाने लगी। जवान लड़के-लड़कियों की गाती-झूमती भीड़ थी। यह बहुत कूल लगा मुझे। शायद ऐसा धर्म तो अपनाया जा सकता है! मार्क और हैना चर्च की एक मीटिंग से आए हैं। फ़ेस्टिवल के चलते हर शुक्रवार चर्च में मीटिंग होती है जहाँ वालंटियर्स हिस्सा लेते हैं। हैना और मार्क चर्च के कामों में काफ़ी सक्रिय हैं। वो मिले भी यहीं थे और उनके सारे दोस्त भी यहीं हैं।

कन्धे तक गिरते घुँघराले काले बाल, छह फुट लम्बा क़द, खिलाड़ियों जैसा शरीर—मार्क को पता था कि वह हैंडसम है और बस यही बात उसको थोड़ा कम हैंडसम बनाती थी। हैना उसके साथ बहुत ख़ुश दिख रही थी। वह उसकी तारीफ़ करते थकती नहीं थी और मुझे अपनी शुरुआती मुलाक़ातों की कहानियाँ सुनाती रही। मार्क की मौजूदगी किसी भी सौ प्रतिशत मर्द की मौजूदगी जैसी है। उसमें कोई कोमलता और विनम्रता नहीं है। हैना जैसे उसके बोझ तले दब गई थी। मार्क उसका मज़ाक़ उड़ाने का कोई मौक़ा नहीं छोड़ रहा था और साथ ही पूरी औरत ज़ात को भी लपेट ले रहा था। कैसे लड़कियाँ प्यार में दीवानी हो जाती हैं, कैसे उन्हें कुछ और नहीं सूझता—यह मेरी बर्दाश्त से बाहर था।

वह नहीं था तो हैना कितनी अलग थी, कितनी समझदार और

आज़ाद! यह कैसा प्रेम है? प्रेम में तो हमें ख़ुद का बेस्ट वर्ज़न हो जाना चाहिए...अगर हम पहले से बेहतर नहीं होते तो कैसा प्रेम? वह हमें सिर्फ़ पूरा ही नहीं करता, भर देता है। हम लबालब हो जाते हैं, बहने लगते हैं। अगर प्रेम हमें कुछ कम करता है; हमारे अन्दर ईर्ष्या, नफ़रत, डर, ग़ुस्सा, घमंड या इनसेक्योरिटी पैदा करता है तो वह कुछ भी होगा, प्रेम नहीं होगा। प्रेम हमें सरल, सहज, कोमल, मज़बूत और साहसी बनाए, तभी प्रेम है; नहीं तो और बहुत शब्द हैं इस्तेमाल करने को। प्रेम भरता है, घेरता है तो फिर कुछ और होगा।

मैं हैना से दूजी बार मिल रही हूँ। मैं उसके मन में कोई वहम नहीं डालना चाहती। हो सकता है, मुझे कुछ न दिख रहा हो या चूक मुझसे हो रही हो। वे शादी करने की तैयारी कर रहे हैं...मैं थोड़ा दूर हट जाती हूँ। जब तक वह ख़ुद इसके बारे में बात नहीं करेगी, मैं चुप रहूँगी। सबकी अपनी-अपनी पसन्द होती है और सबके अपने-अपने उद्देश्य। हैना जल्दी से जल्दी मार्क के साथ घर बसाकर परिवार बनाना चाहती है, शायद मार्क उसके लिए फिट है। यों भी मुझे मिले घंटा भर हुआ है। एक गट फीलिंग पर किसी को ऐसे जज करना तो नाइंसाफ़ी होगी।

डिनर, हम कैंटीन जैसी दिखने वाली एक जगह में करते हैं। हैना इस आम-सी जगह पर डिनर कराने के लिए माफ़ी माँगती है, लेकिन वह कहती है कि यहाँ का खाना उसे बेहद पसन्द है। खाना सच में बहुत स्वादिष्ट था। दोनों ही ने मुझे पैसे नहीं देने दिए और बिल मार्क ने चुकाया। पोलैंड बाक़ी यूरोप के मुक़ाबले काफ़ी सस्ता है। इनकी ख़ुद की करेंसी है ज़लॉटी (Zloty) जो कि यूरोपियन करेंसी यूरो के मुक़ाबले काफ़ी कमज़ोर है। इसके चलते यूरो और पौंड

चेंज कराने वालों को यहाँ चीज़ें सस्ती लगती हैं। खाने में यहाँ कई तरह के सूप, डम्पलिंग और मीट फेमस हैं। यहाँ के ट्रेडिशनल खाने में शाकाहारी ऑप्शन तो बहुत ही कम हैं, लेकिन आजकल काफ़ी लोग शाकाहार की तरफ़ जा रहे हैं। इसलिए कुछ ख़ास शाकाहारी रेस्तराँ खुले हैं।

देर रात तक हम शहर घूमते रहे। वे दोनों मुझे अपने शहर की पसन्दीदा जगहों और चीज़ों के बारे में बताते रहे। मेरे लिए यह एक पर्सनल टूर जैसा था। राह चलते हमें उनके कुछ दोस्त भी मिले। मार्क की एक्स-गर्लफ्रेंड भी राह में मिल गई, दोनों उससे बड़े आराम से मिले। जब हम कुछ आगे निकल आए, मार्क ने हैना से कुछ मज़ाक़ किया जो मुझे नहीं भाया। कुछ ऐसा कि "मैं तुम दोनों को डेट कर सकता हूँ...हा हा हा हा..."

ऐसा क्यों होता है कि कोई आपकी इतनी मेहमाननवाज़ी कर रहा हो, आपको अपना शहर दिखा रहा हो, आपकी हर चीज़ में मदद कर रहा हो और आपको वह पसन्द न आए! मुझे यों भी अपनी सहेलियों के बॉयफ्रेंड्स पसन्द नहीं आते, कभी भी नहीं, न ही उनके पति। मुझे मेरी सहेलियाँ हमेशा इतनी अच्छी लगती हैं और उनके पार्टनर्स कभी भी उनके लायक़ नहीं लगते। वो उनके बिना इतनी अद्‌भुत होती हैं और उनके साथ उतनी ही साधारण! ज़्यादातर मर्द पहली बार मिलने पर सेक्सिस्ट ही दिखते हैं। ऐसे कम ही होते हैं जो ख़ुद को बदलना चाहते हों या बदलते हों। उनमें से जो अपने अन्दर बैठे मर्द को पहचान लेते हैं, और अपने स्त्रीत्व को भी स्वीकारते हैं, कभी-कभार रो भी लेते हैं, और कह देते हैं, "मेरा ख़याल रख लो प्लीज़," वो दिल हो जाते हैं, चूम लिये जाते हैं!

*

आज रात सबका घर बैठने का प्लान बना और डिनर मैंने बनाया। मुझे बिलकुल याद नहीं कि मैंने क्या बनाया; लेकिन हमने बहुत सारी मीठी शराब पी, यह मुझे याद है। उसके बाद हुई बातचीत याद है। डिनर टेबल पर मैं, हैना, उसका बॉयफ्रेंड मार्क, और हैना की रूममेट लीना थी। लीना छब्बीस साल की है, उसने अकाउंट्स और फ़ाइनेंस की पढ़ाई की है। वो चार भाई-बहन हैं। उसकी माँ डॉक्टर है और बाप दुकानदार। वो भी कैथोलिक धर्म को मानती है और अभी तीर्थयात्रा से लौटी है।

लीना बताती है कि यह हर साल पैदल की जाने वाली यात्रा है। इसमें तीर्थयात्री उपवास भी रखते हैं। अपने शहर से लोग जस्तोहोवा नाम के धार्मिक शहर जाते हैं, जहाँ वर्जिन मैरी का मन्दिर है। वहाँ वर्जिन मैरी, जिसे मैडोना भी कहते हैं, की एक काली मूर्ति है। कहा जाता है कि उसमें चमत्कारी शक्तियाँ हैं। रास्ते में तीर्थयात्रियों के खाने-पीने और ठहरने का इन्तज़ाम लोकल लोग करते हैं। कुछ-कुछ अपने यहाँ के काँवड़ जैसा। लीना अपने बॉयफ्रेंड से भी दो साल पहले इसी तीर्थयात्रा के दौरान मिली थी।

खाना ख़त्म कर सब चाय पी रहे थे और मैं बातचीत के मूड में—या तो ये मेरी धारणाएँ तोड़ दें या मुझे कन्विंस कर लें कि इनकी बातों में कुछ लॉजिक है या कुछ और!

> *आप सबने घर कब छोड़ा? पढ़ाई और रहने-खाने का ख़र्च कैसे जुटाया? क्या जैसे वेस्ट के और देशों में लोन लेना आम बात है, आप लोगों ने भी लोन लिया?*

"हम सबने लगभग अठारह-उन्नीस साल की उम्र में, जब यूनिवर्सिटी में पढ़ने आए, घर छोड़ा। कॉलेज की पढ़ाई के वक़्त ही ज़्यादातर लोग अपने गाँव से बाहर निकलते हैं। यहाँ यूनिवर्सिटी की पढ़ाई फ्री है और रहने-खाने का ख़र्च ज़्यादातर माँ-बाप उठाते हैं। काफ़ी लोग पार्ट टाइम काम भी करते हैं, ख़र्च निकालने के लिए, लेकिन पढ़ाई के दिनों में लोन लेना आम बात नहीं है यहाँ। हमारा ख़र्च तो माँ-बाप ने ही उठाया है।"

आप लोगों की कोई पॉलिटिकल आइडियोलॉजी है?

"कुछ ख़ास नहीं। सत्ता में सेंटर-राइट सरकार है। ठीक-ठाक है। न हमें उतनी पसन्द है, न हमें कोई ख़ास दिक़्क़त है। हमने कम्यूनिज़्म देखा है, जहाँ दुकानों में लम्बी लाइनें होती थीं, जेब में पैसा तो होता था लेकिन दुकानों के शेल्फ़ ख़ाली। सब कुछ कम-कम मिलता। तब बेसिक चीज़ों तक की कालाबाज़ारी होती थी।"

मार्क कहता है, उसे पूँजीवाद पसन्द है। जिसमें आप जो चाहें वह काम कर सकें और जहाँ चाहें घूम सकें। हैना कहती है, उसे भी फ्री मार्केट पसन्द है। लीना का भी कोई ख़ास इंट्रेस्ट नहीं है पॉलिटिक्स में।

मैं सोचती हूँ कि कितना आसान है सरकार को पसन्द करना और पॉलिटिकली एक्टिव न होना, अगर सब कुछ आपके मुताबिक़ चल रहा है तो। आप उसी धर्म से हैं जिसकी सरकार है, उसी सेक्सुअल

ओरिएंटेशन से हैं जो मेजॉरिटी में हैं, खाते-पीते घर से हैं,नौकरी मिल गई है, क्यों हो पॉलिटिक्स में आपका इंट्रेस्ट?

समलैंगिक लोगों के लिए देश का क़ानून क्या कहता है और आप लोग क्या सोचते हैं?

"हमारे यहाँ गे शादियाँ नहीं होतीं, लेकिन गे होना अपराध भी नहीं माना जाता।" लीना कहती है, "यह नॉर्मल नहीं है। यह एक प्रॉब्लम है। एब्नॉर्मल तो है ही, मेरी समझ से बाहर है! अगर आप एक-दूसरे से प्यार करते हैं तो साथ रहने तक ठीक है। लेकिन समलैंगिक लोगों को बच्चे एडॉप्ट नहीं करने चाहिए, मैं एकदम इसके ख़िलाफ़ हूँ। एक बच्चे को माँ और बाप दोनों चाहिए होते हैं।"

दोनों में से एक मर जाए तो!—मेरे मन में सबसे पहले यही ख़याल आता है, पर मैं चुप रहती हूँ। हैना की राय मैं पहले से ही जानती थी लेकिन मैं जानना चाहती थी कि वो ही ऐसी है या इस देश में सभी ऐसे हैं। इसलिए पूछती हूँ—

शादी से पहले सेक्स के बारे में क्या विचार हैं?

लीना कहती है, "सेक्स मेरे लिए एक गिफ़्ट है जो मैं उसे दूँगी जिसके साथ शादी करूँगी और जिसके साथ मैं पूरी उम्र बिताऊँगी।"

और तुम्हारा पार्टनर? वो भी वर्जिन होना चाहिए?

> लीना कहती है, "मुझे ऐसे आदमी से शादी करने में दिक़्क़त नहीं है जिसने पहले सेक्स किया हो। अगर वो मुझसे प्यार करता है। लोग बदलते भी तो हैं।" लीना बताती है कि जब वह तेरह साल की थी, धार्मिक होने लगी और चर्च में दिलचस्पी लेने लगी। वह कुछ ऐसे लोगों से मिली जिन्होंने उसे चर्च को एक अलग रौशनी में दिखाया। उसने जाना कि चर्च सिर्फ़ मंत्रों का जाप नहीं है। ईश्वर का मतलब प्रेम है। "मैं मानती हूँ, मेरे पास सब कुछ है, दोस्त, खाना, घर, पढ़ाई, काम, जिसके मैं क़ाबिल भी नहीं हूँ, और इसके लिए मैं भगवान की शुक्रगुज़ार हूँ।"

हैना और मार्क भी कहते हैं कि वो सेक्स करने के लिए शादी हो जाने का वेट करेंगे। हालाँकि जब मैं मार्क से पूछती हूँ कि अगर हैना शादी से पहले सेक्स करना चाहे तो क्या वह राज़ी होगा; मार्क हँसते हुए हामी में सर हिलाता है और कहता है, "शायद या शायद नहीं, क्यों हैना, क्या कहती हो!" उसे छेड़ता है।

जब मैंने पूछा कि शादी के बाद, क्या वे तभी सेक्स करेंगे जब बच्चे पैदा करने होंगे? क्या वे प्रोटेक्शन यूज़ करेंगे, क्योंकि बाइबिल के अनुसार कंडोम का इस्तेमाल करना गुनाह है? तो उन्होंने कहा कि वो नेचुरल मेथड अपनाएँगे, जिससे गर्भ न ठहरे। आजकल चर्च भी नेचुरल ढंग से गर्भ रोकने के तरीक़ों का प्रचार करता है।

कैसे जब मेजॉरिटी को फ़र्क़ पड़ने लग जाता है तब समाधान भी झट से निकल आते हैं। बाइबिल के अनुसार तो सेक्स सिर्फ़ तभी

किया जाना चाहिए, जब बच्चे पैदा करने हों। मजे के लिए सेक्स करना गुनाह है। लेकिन इस तरह तो सब छोड़कर भाग जाएँगे धर्म-धूर्म, तो अब सारी लड़ाई कंडोम के ख़िलाफ़ मोड़ दी गई है। सेक्स करो, लेकिन प्रोटेक्शन मत इस्तेमाल करो। सेक्स ही न करो—इसे फ़ॉलो करना ज़्यादा कठिन था तो इन्होंने शॉर्टकट निकाल लिया। लेकिन अबॉर्शन को लेकर कोई समाधान नहीं निकाला गया है। क्योंकि उसमें औरतों की एक छोटी संख्या को फ़र्क़ पड़ता है तो किसी को नहीं पड़ी उसे बदलने की, या उसके हल ढूँढ़ने की। अबॉर्शन कराना मर्डर करने जितना बड़ा पाप माना जाता है। कई देश जहाँ कैथोलिक बहुसंख्यक हैं, वहाँ अबॉर्शन कराना क़ानूनन अपराध है। चाहे वह मेडिकल कारणों से ही क्यों न हो।

जब तक आप मेजॉरिटी जैसे हैं, जब तक आप उनमें 'फिट' होते हो, तब तक न धर्म और समाज को आपसे कोई दिक़्क़त होती है, न आपको धर्म और समाज से। लेकिन अगर आप मेजॉरिटी से अलग हैं तो धर्म, समाज सब आपके विरुद्ध खड़े हो जाते हैं और आपका उनके ख़िलाफ़ होना तो वाजिब है ही।

लीना कहती है, "अबॉर्शन 'चाइल्ड मर्डर' है और वह इसकी अनुमति नहीं दे सकती!"

हाँ, 'अनुमति'—यही शब्द कहा उसने!

*

पेट्रीसिया पी-एच.डी. फ़र्स्ट ईयर की स्टूडेंट है और किताबों की एक दुकान में काम करती है। मैं घूमते वक़्त कोशिश करती हूँ कि वहाँ

से कुछ स्थानीय लेखकों की किताबें ले लूँ और हो सके तो वहीं रहकर पढ़ भी लूँ। इसी कोशिश में मैं इस दुकान में आ पहुँची थी। यहाँ चाय, कॉफ़ी और केक भी ऑर्डर कर सकते थे। पेट्रीसिया के उदास चेहरे ने मुझे उसकी तरफ़ खींचा। मैं उससे किताबों के सुझाव लेने के बहाने बात करना चाहती हूँ, लेकिन वह काफ़ी व्यस्त जान पड़ती है। मैं कुछ देर सोचती हूँ, फिर उससे पूछ ही लेती हूँ कि क्या वह मेरे साथ कुछ देर बैठेगी? इस अचानक किए सवाल पर वह मुस्कुराई नहीं, उसकी उदासी बनी रही। लेकिन रुखाई दिखाते हुए ही सही, मेरा कहना उसने टाला नहीं। कह रही है, कुछ देर बाद मुझे कुछ लेखकों के बारे में बताएगी, फ़िलहाल उसे किताबें जँचानी हैं। मैं उसके इंतज़ार में एक कॉफ़ी पी लेती हूँ।

यह लड़की जो मुझे मेरे सफ़र के आख़िर में मिली, इस देश को अलविदा कहने से ठीक पहले, उसने मुझे पोलैंड की वो झलक दी जो अभी तक ओझल रही थी। पेट्रीसिया बताती है कि पोलिश सरकार सोशली तो लेफ़्ट विचारधारा रखती है, लेकिन वैचारिक रूप से एकदम कंजर्वेटिव है। धर्म विचारों और नीतियों पर हावी है, और धर्म से हटकर रहना उनके समाज में मुश्किल है। वह बताती है कि वह समलैंगिक है और समलैंगिकता को कैथोलिक धर्म स्वीकार नहीं करता। बाक़ी पोलैंड के मुक़ाबले क्राको फिर भी काफ़ी उदार सोच रखता है और यह बुक शॉप उसका सेफ़-हैवन है।

पेट्रीसिया बताती है, नेशनलिस्ट होना नया-नया फ़ैशन में आया है। पहले राष्ट्रवादी होना बिलकुल अच्छा नहीं समझा जाता था, लेकिन आजकल नौजवान बड़ी संख्या में नेशनलिस्ट हो रहे हैं। वो टी-शर्ट पहनते हैं, जिन पर 'BIG POLAND' लिखा होता है। पोलैंड को

फिर से बड़ा और महान बनाने की बातें हो रही हैं। यूरोप को छोड़ने की बात हो रही है। यहूदियों को भगाने और मारने की बातें हो रही हैं। हालाँकि चीज़ें बदलाव की ओर हैं और गे-प्राइड परेड भी यहाँ होने लगी हैं, लेकिन नई ज़ेनरेशन का कंजर्वेटिव होना उसे निराश करता है। पिछली पीढ़ी जो पुरानी सोच रखती थी, उससे लड़ना इतना मुश्किल नहीं था; जितना इस पुरानी सोच वाली नई पीढ़ी से है। इनके पास अपनी दकियानूसी सोच को फैलाने के साधन भी हैं। पहले किसी की सोच छोटी होती थी तो उसका दायरा भी छोटा होता था। अब छोटी सोच का दायरा बड़ा होता जा रहा है। कुछ दिनों में एक बड़ा धार्मिक फ़ेस्टिवल शुरू होने वाला है। हर जगह धर्म की बातें होंगी और इस धर्म का हिस्सा हम नहीं हैं। मैं कुछ दिन इस शोर-शराबे से दूर जाना चाहती हूँ। शायद अपने गाँव चली जाऊँ...

7

तलाक़शुदा मर्द और धूप में मटर के दाने

रात के साढ़े दस बजे हैं। मैं बर्गेन पहुँची हूँ। गर्मियों का मौसम है, लेकिन हवा में हल्की-हल्की ठंड है। एक लेदर जैकेट पहने हुई हूँ, फिर भी थोड़ी कँपकँपी है। जहाँ मुझे जाना है, वह जगह यहाँ से लगभग दो किलोमीटर दूर है। रेलवे स्टेशन पर इक्का-दुक्का लोग हैं। बाहर टैक्सी या बसें नहीं हैं। लगता नहीं कि कोई बस या टैक्सी मुझे इस वक़्त मिलेगी। मेरे पास सिर्फ़ एक बैग-पैक है। नए शहर में इस समय पैदल चलने से बेहतर क्या होगा; थोड़ी गर्मी भी आए शायद।

स्टेशन पर शहर के कुछ मैप्स रखे हैं, मैं एक उठा लेती हूँ। नक़्शा मुझे जिधर से लेकर जा रहा है वह रास्ता ऊँचा-नीचा, चढ़ाई वाला है। डिम लाइटों वाले लैम्पपोस्ट लगे हैं। गलियों में छोटे-छोटे पत्थर बिछे हैं। दुकानें बन्द हैं। कुछ लड़कियाँ दुकानों के सामने खड़ी सिगरेट पी रही हैं। एक लड़की गाढ़े रंग की फॉर्मल स्कर्ट और सफ़ेद रंग की छोटी बाजू की शर्ट पहने चली जा रही है। शायद ऑफ़िस

से लौट रही होगी। एक मँझले क़द का आदमी ढीली-ढाली टी-शर्ट और कई सारी जेबों वाली पैंट पहने कुछ गुनगुनाता, कुछ डोलता-सा चल रहा है। सुन्दर हल्के रंगों की टी-शर्ट और शॉर्ट्स पहने दो दोस्त हाथ-में-हाथ डाले चले जा रहे हैं। सँकरी गलियाँ हैं, बीच-बीच में सीढ़ियाँ हैं। मैं मैप में रास्ता देखती गलियाँ और सीढ़ियाँ चढ़ रही हूँ। रास्ते में एक-दो बिल्लियाँ सुस्त-सी पड़ी हैं। नॉर्वे के लोगों के लिए यह शायद एकदम साधारण-सी वॉक हो, पर मेरे लिए नहीं।

हमारे यहाँ दिन ढले यों अकेली लड़की का बाहर निकलना 'अनसेफ़' माना जाता है। है भी शायद। क्यों जाए लड़की बाहर बिना काम, और अगर काम है तो घर के मर्द कहाँ हैं? भाई को बोल दो, बाप को बोल दो, पड़ोसी के लड़के को बोल दो! तुम्हे क्यों जाना है? हमारे यहाँ यों ही काम-बेकाम फिरती लड़कियों को आवारा समझते हैं। कुछ चटखारे लेने वाले उन्हें चरित्रहीन कहते हैं, और कुछ समझदार लोग बेवकूफ़। कुछ 'शुभचिन्तक' तो जाने ही नहीं देते। बेगानी जगह, बेगाने शहर, बेगाने देश की बात तो छोड़ो, हमारे यहाँ पड़ोस तक जाना जोख़िम भरा है। पापा कहा करते, "हमारी लड़कियाँ अकेले माउंट एवरेस्ट चढ़ सकती हैं, अंतरिक्ष में जा सकती हैं, लेकिन मजाल कि रोहतक अकेले पार कर जाएँ।" हम करने ही नहीं देते। हमें सुहाती ही नहीं अकेली चलती लड़की। हम उसे कुछ कह देना चाहते हैं। उससे कुछ पूछ लेना चाहते हैं। छू लेना चाहते हैं, छुआ लेना चाहते हैं। हम उसके साथ कुछ कर देना चाहते हैं। उसे अकेले यूँ ही गुज़र जाने देना हमारी 'महान सभ्यता' के ख़िलाफ़ है। बहरहाल मैं इस पश्चिमी देश की पतित सभ्यता में रात को अकेली चली जा रही थी।

मेरा होस्ट एक तंज़ानियन आदमी है। उसका एक कमरे का घर है जिसमें एक सिंगल बेड लगा है, एक सोफ़ा बिछा है और एक कुर्सी है। रौशनी कम है और दीवारें गाढ़े रंगों की हैं, जिससे कमरे में और भी अँधेरा लग रहा है। ढेर सारे कपड़े हैं जो एक क्लॉथ-स्टैंड पर हैंगर्स में टँगे हैं। कोने में एक अफ़्रीकन ड्रम भी रखा है। मैं कहाँ सोऊँगी? इस कमरे में तो जगह ही नहीं है। इसने मुझे क्यों इन्वाइट किया अगर इसके पास जगह ही नहीं है? बाथरूम भी कमरे से बाहर निकलकर है। रसोई शेयर्ड है, जहाँ तितर-बितर सामान पड़ा है। मुझमें थोड़ी घबराहट है, लेकिन मैं नहीं चाहती कि यह उसे दिखे। इससे पहले कि वह मुझे बेड पर सोने को कहे, मैं सोफ़े पर पसर जाती हूँ। कह देती हूँ कि काफ़ी थक गई हूँ। लेकिन उसे मुझसे बात करने में दिलचस्पी है।

वह मेरे लिए चाय बनाता है और खाने की पूछता है। मुझे भूख नहीं है, लेकिन यों ही बिना बात किए सो जाना तो रूड लगेगा। वह मेरा होस्ट है, मुझे उससे बात करनी 'ही' चाहिए। ये भी एक तरह का बेमतलब का नैतिक दबाव है। मैं यहाँ नहीं रुकना चाहती, पर इस समय तो कहीं और जा भी नहीं सकती। और कहूँगी क्या? क्यों जा रही हूँ? मेरे पास वहाँ न रुकने का कोई ठोस कारण भी नहीं है। क्या मैं उसके रंग के कारण जजमेंटल हो रही हूँ? क्या मैं एक गोरे लड़के से भी यूँ ही आशंकित होती? क्या उसका घर थोड़ा बड़ा होता तो मुझे डर नहीं होता?

फिलिपो और मैं काफ़ी देर तक बातें करते रहे। बातों-बातों में वह कहता है कि अगर मैं थकी हूँ तो वह मेरे पैर दबा सकता है। पूरे दिन का ट्रेवल और फिर लम्बी चढ़ाई के बाद पैर दबवाने का

लालच किसे नहीं होगा, लेकिन मैं हिचकिचाती हूँ। वह एक बार फिर पूछता है तो मैं उसके हाथों में अपने थके पाँव रख देती हूँ।

मैं पैर दबवाते हुए चाय की सुड़कियाँ ले रही हूँ। फिलिपो एक सुन्दर, लम्बा, वेल बिल्ट काला आदमी है। वह बेहद विनम्र है। असहज कर देने की हद तक विनम्र। उसकी विनम्रता देखकर ऐसा लगता जैसे सामने वाला 'ऑनेस्ट' के बजाय 'परफेक्ट' बिहेव कर रहा हो। वह मुझे अपने बर्गेन आने, अपनी दो शादियों, दो तलाकों और अपने तीन बच्चों की कहानियाँ सुना रहा था। तो फिर अटपटा क्या लग रहा है मुझे? मैं सहज क्यूँ नहीं हूँ? मैं क्यूँ चाहती हूँ कि यह रात किसी तरह बीते और मैं यहाँ से निकल जाऊँ? एक आदमी अपने बीवी-बच्चों के बारे में बातें कर रहा है, मुझे अपने देश के बारे में बता रहा है, अपने स्ट्रगल शेयर कर रहा है, फिर मुझे क्या असहज कर रहा है? आपको जब लगे कि कोई आदमी आपमें इंट्रेस्टेड है—हालाँकि कुछ कह नहीं रहा, लेकिन आप थोड़ा-सा भी हिंट देंगे तो वो फ़ौरन तैयार हो जाएगा—तो आप कोई भी ऐसी चीज़ करने से बचते हैं जो उसे हिंट लगे। आप बहुत सँभाल कर क़दम रखते हैं। और इसी सँभालने में घुटन होने लगती है।

हमने यही देखा है, यही सीखा है। हमें अविश्वास करना सिखाया जाता है। हमारी माएँ, नानियाँ, काकियाँ सिखाती हैं। लड़कों से कुछ भी ऐक्सेप्ट मत करना, डिनर भी नहीं, ड्राइव भी नहीं, लिफ़्ट भी नहीं। अगर करती हो तो उन्हें रिटर्न में कुछ देना होगा, नहीं दोगी तो ग़लती तुम्हारी है। वो बिना मतलब कुछ नहीं करेंगे। तुम डिनर पर जाने को मान गई लेकिन साथ सोना नहीं चाहती, तो कहीं न कहीं उसे डिसअपॉइंट कर रही हो। अगर उसने ज़बरदस्ती की और तुमने

किसी को बताया तो वो कहेंगे कि डिनर पर क्यूँ गई? क्या पता नहीं है इस दुनिया के बारे में? इतनी भोली हो! साथ घूमने गई हो तो सोना तो पड़ेगा ही। तुम कभी कुछ एक्सेप्ट नहीं करोगी, कोई हिंट नहीं दोगी, अगर तुम्हें सेफ़ रहना है तो, तुम्हें एक अच्छी लड़की बने रहना होगा, जिसके हाव-भाव, बर्ताव में कोई हिंट कभी न हो।

मैं तो उसके घर पर रुकी हूँ, उसने चाय बनाई है, वो मेरे पाँव दबा रहा है, यहाँ तो कितने हिंट हो सकते हैं! मैं कैसे उस तक ये बात पहुँचाऊँ कि मैं एक 'अच्छी लड़की' हूँ और वो मुझसे बदले में कोई फ़ेवर न माँग ले। मुझे पता है वो ज़बरदस्ती नहीं करेगा मेरे साथ, लेकिन इस माहौल ने मेरे अन्दर जो बेचैनी भर दी है, उसका मैं क्या करूँ?

मैं दो दिन उसके घर रुकी और उसने मेरे साथ कभी कोई बुरा या ग़लत बर्ताव नहीं किया।

*

अगली सुबह मैं दबे पाँव, अपने होस्ट को सोता छोड़, बाहर निकल आती हूँ। जो शहर रात में इतना ख़ूबसूरत था, वह धूप में कैसा खिला होगा! बिल्लियाँ धूप में अँगड़ाइयाँ ले रही हैं। दुकानें खुल गई हैं। हवा में कॉफ़ी की महक है।

एक दुकान के बाहर सुन्दर इयर-रिंग्स टँगे हैं। अन्दर एक अठारह-उन्नीस साल की लड़की आग से कुछ पिघला रही है। वह सुनार है। पूछने पर वो बताती है कि वह कॉलेज में सुनार बनने की पढ़ाई कर रही है और इस दुकान में इंटर्नशिप करती है। दुकान

की मालकिन अभी आई नहीं है, उसे चीज़ों के दाम नहीं मालूम, तो मैं आगे चल दी।

धूप में चली जा रही हूँ, बिना रास्ता जाने। जिस गली में जी करता है मुड़ जाती हूँ। जहाँ धूप खिली है, वहाँ ज़रा धूप सेंकने रुक जाती हूँ। मेरा कैमरा इस ट्रिप की शुरुआत में ही गिरकर टूट गया था तो इस बार लगभग पूरा ट्रिप बिन कैमरे के बीता। नया कैमरा लेने का मन नहीं था, न ही बजट; लेकिन मुझे ओस्लो के चोर बाज़ार में एक सस्ता DSLR मिल गया था, पर उसे ज़रा मरम्मत की ज़रूरत थी।

तभी सामने ही कैमरों की एक दुकान दिखी। दुकान और दुकानदार दोनों ही का नाम 'Antonio Stasi' था। यह सिर्फ़ रील वाले कैमरों की दुकान है और मेरा कैमरा डिजिटल। अब? मैं उसे मेरा कैमरा एक बार देख लेने को कहती हूँ। "इसे एक बार चार्ज कर लेते हैं। फिर देखेंगे इसके साथ क्या दिक़्क़त है। इसे यहाँ रख जाओ और एक-दो घंटे में आकर पूछ लेना।" अंटोनिओ कैमरे को उलटते-पलटते हुए कहता है। मेरे पास कहीं जाने का कोई प्लान नहीं, पर फिर भी थोड़ी देर और टहलने चली जाती हूँ।

चलते-चलते एक बड़े बाज़ार जैसे इलाक़े में आ गई हूँ, जहाँ ज़ारा, H&M, सुपरड्राई टाइप की दुकानें हैं और मैक्डॉनल्ड और स्टारबक्स भी खुले हैं। मुझे ब्रांडेड दुकानों को देखकर नॉज़िया होता है। दुनिया के किसी भी शहर में चले जाओ, इनमें वही सामान होगा! सामान ही सामान, इंडस्ट्रियल स्केल पर बना इन-ऑथेंटिक, अन-ओरिजिनल सामान। मशीनों से बना सामान। बांग्लादेश, चीन, भारत जैसे देशों में मिनिमम वेज भी न देकर बनाया गया सामान।

आपकी भरी अलमारियाँ और ख़ाली मन भरने के लिए। सामान जिसकी आपको ज़रूरत भी नहीं।

मैं वापस लौट आई। अंटोनिओ दुकान के बाहर खड़ा है। एक सिगरेट फूँक रहा है और दूसरी कान पर अटकाए है।

"अभी तो सिर्फ़ आधा घंटा हुआ है। तुम इतनी जल्दी वापस आ गई"—मुस्कुराते हुए वह सिगरेट ऑफ़र करता है।

"मेरे पास कुछ और करने को है ही नहीं," मैं सिगरेट नहीं लेती।

"क्या करोगी इस शहर में," वो पूछता है।

"तुम बताओ, मैं क्या करूँ," मैं कहती हूँ।

वह फिर मुस्कुराता है। अंटोनिओ में एक निश्चिन्तता है। उसे न कुछ बेचने की हड़बड़ी है, न किसी को इम्प्रेस करने की। उसका होना, एकदम ठहरा हुआ, बस होना है; बिना छलके।

"कुछ प्लान है तुम्हारा शाम को?"

"नहीं।"

"ठीक है...तो फिर शाम को दुकान बन्द करके मैं तुम्हें शहर घुमाने ले चल सकता हूँ।"

"इससे अच्छा क्या हो सकता है!" ये कहकर मैं शाम तक उसी की दुकान में रुकी रही। दुकान कैमरों से भरी है। अन्दर ही स्टूडियो है, जहाँ अंटोनियो रील डेवलप करता है। इतालियन कॉफ़ी बनाने के सब इन्तज़ाम है दुकान में। उसका एक असिस्टेंट भी है जो कम बोलता है और ज़्यादातर स्टूडियो में ही छुपा रहता है। कोने में दो कुर्सियाँ और एक स्टूल रखा है, जहाँ शायद ये लोग खाना खाते होंगे। मैं वहीं बैठ जाती हूँ। पूरा दिन दुकान में लोगों का आना-जाना लगा रहा।

मुझे नहीं मालूम था कि अभी भी इतने लोग रील वाला कैमरा इस्तेमाल करते हैं। ज़्यादातर लोग रील डेवलप कराने आ रहे थे। अंटोनिओ अपने सब ग्राहकों को जानता था और उनसे देर तक इधर-उधर की बातें करता था। बीच-बीच में मेरा हाल भी लेता और हर थोड़ी देर बाद सिगरेट फूँकने दुकान के बाहर जाता। वहाँ से गुज़रते सभी लोग उसे हेलो कहते और वह उन सबसे कुछ-ना-कुछ पूछता; "मार्क क्या तुम्हारी बिल्ली मिल गई?", "लिसा, तुम्हारा पति वापस आया कि नहीं अभी तक?", "फ्रांसिस, कल शाम को डिनर पर घर आ जाओ।" साठ साल का अंटोनिओ इटली से है और उसे यहाँ बसे लगभग पैंतीस साल हो गए हैं। यह दुकान भी बीसियों साल पुरानी है। वह यहाँ सबको जानता है। मैं दुकान में बैठी सब देखती-सुनती रही। यह मेरी दादी के साथ, हमारे गाँव के घेर वाली गली में बैठने जैसा था।

हमारा घेर, गाँव में, जोहड़ के सामने था। पास में ही कुआँ था और एक कच्ची सड़क, जिससे होकर लोग औघड़ जाते। लोगों का आना-जाना दिन भर लगा रहता; कोई बुआ भैंस नहलाने जा रही होती, तो कोई काकी पानी भरने, कोई दादी औघड़ में दवाई लेने, तो कोई ताई झाड़ा लगवाने। दादी की खाट रोज़ सुबह घेर के सामने डल जाती और हम दोनों दादी-पोती वहाँ जम जाते। दादी सब आने-जाने वालों को राम-राम करती और उनकी ख़ैर लेती। वो आवाज़ें आज भी मेरे भीतर हरी हैं, "आएँ मटारी थारी भैंस ब्यागी अक नहीं?" "आज तो घणा ए न्यार ली आयी सूंडे की माँ" "ए बेबे बिमला, कित भाजी जावे सै, बैठ जा नै थोड़ी वार।" अपनी सहेलियों को वो अपने पास बिठा लेती और तम्बाखू पिलाती। मैं

उसके पास बैठकर अपनी गुड़िया सजाती और उनकी बातें सुनती। कभी-कभी उसकी सहेलियाँ अपनी पोतियों-द्योतियों को भी साथ ले आतीं तो मुझे भी कोई साथ मिल जाता। शाम को चाची चाय और रोटी दे जाती। सर्दियों में बाजरे की रोटी पर मलाई होती और गर्मियों में गेहूँ की रोटी के साथ आलू-टमाटर की चटनी। अजीब बात है कि यहाँ मुझे मौसम की कोई ख़बर नहीं होती थी, न मुझे गर्मी लगती, न सर्दी। शाम को जब लोगों का आना-जाना सिमट जाता, तब वो "श्याम काळा काळा" भजन गाती और मैं उसके बोलों पर ठुमकती। मैं उसके लिए दुनिया की सबसे प्यारी और क़ीमती चीज़ थी और मेरे लिए वो। मैं पूरी उम्र इसी तरह बिता देना चाहती थी...उसके खटोले पर उसके साथ बैठकर...

पलक झपकते पाँच बज गए, अंटोनिओ ने दुकान बढ़ा दी।

*

बर्गेन में पूरे साल ठंड ही रहती है। गर्मियों में भी राजस्थान जैसी सर्दी का-सा मौसम होता है। दिन में हल्का गरम और रात को ठंडा। शाम का सूरज अभी छिपा नहीं था, मैंने खुले कंधों वाली ड्रेस पहनी थी, लेकिन अपनी लेदर जैकेट साथ ले ली, क्योंकि कल रात की कँपकँपी मुझे याद थी। इस शहर के तीन तरफ़ समन्दर है तो जब-जब हवा चलती है, ठंडी ही चलती है। अंटोनिओ की अंग्रेज़ी बिलकुल बुरी नहीं है, लेकिन उसमें इतनी इतालियन मिली है कि मुझे ध्यान लगाकर उसमें से अंग्रेज़ी छाननी पड़ रही है। वह ख़ुद से ज़्यादा नहीं बोल रहा था। मेरे कुछ पूछने पर चुप हो जाता। मुझे लगता कि या तो

उसे समझ में नहीं आया या वह जवाब नहीं देना चाहता। मैं दुबारा पूछने की सोच ही रही होती कि उसका जवाब आ जाता। पर सुनने के लिए मुझे झट से अपने कान तेज़ करने पड़ते, कहीं मैं चूक न जाऊँ। कानों की गुज़ारिश पर अब मैं भी ज़्यादा कुछ नहीं पूछ रही थी। वह मुझे अपने शहर की पसन्दीदा गलियाँ, चबूतरे, इमारतें दिखाता रहा। बीच में कहीं-कहीं रुककर तस्वीरें भी निकालता रहा।

उसकी बेटी यहाँ एक थिएटर में मेकअप आर्टिस्ट है और बीवी से उसका तलाक़ हो चुका है। मैंने उसे बताया कि मेरे होस्ट फिलिपो के भी दो तलाक़ हो चुके हैं। अंटोनिओ हँसता है और कहता है, "यहाँ की औरतें यूरोपियन मर्दों के लिए बहुत ज़्यादा स्ट्रांग हैं!" यह कहते वक़्त उसमें गुस्सा या फ्रस्ट्रेशन नहीं, बल्कि एक तरह का आदर (admiration) था, और एक टीस भी। फिलिपो भी यह बताते वक़्त खीझ नहीं रहा था कि उसकी पहली बीवी ने शादी सिर्फ़ इसलिए की क्योंकि वो एक मिक्स्ड रेस बच्चा चाहती थी। फिलिपो ने शादी की नॉर्वे का वीज़ा लेने ले लिए, उसे अपने देश से बाहर निकलना था। तंज़ानिया दुनिया के सबसे ग़रीब देशों में से है, और नॉर्वे दुनिया के सबसे अमीर देशों में से तो उसके लिए भी यह बढ़िया सौदा था। कुछ समय बाद दोनों अलग हो गए। उसकी दूसरी बीवी भी दो बच्चों के बाद अलग हो गई।

अंटोनिओ कहता है, "हमारे अलग होने की कोई ठोस वजह नहीं थी। बस, हमें और साथ-साथ नहीं रहना था। हम अब भी मिलते हैं कभी-कभी।"

घूमते-घूमते हम एक मछली बाज़ार में आ जाते हैं। यह समन्दर के किनारे लगा है और इतना साफ़ और बिना बदबू के है कि इसे

'मछली बाज़ार' कहने को मन नहीं करता। यहाँ भी अंटोनिओ को सब जानते थे। मैं हैरान हूँ कि कैसे अंटोनिओ ने इटली से आकर इस बेगाने शहर और यहाँ के लोगों को अपना बना लिया है।

कितना अच्छा होता होगा एक छोटे शहर में इतने साल रह जाना; जहाँ आपकी सबसे पहचान हो। आप सबको जानते हों और आपको सब। मैं सबसे ज़्यादा समय पुणे में रही हूँ, लगातार सात साल। जब कोई मुझसे पूछता है कि मैं वापस वहाँ क्यों जाना चाहती हूँ, या मुझे क्या अच्छा लगता है वहाँ जाकर, तो मैं कहती हूँ—फैमिलियरिटी! मुझे पता है, सुबह के सात बजे नाश्ता कहाँ मिलेगा, रात के दो बजे खाना कहाँ मिलेगा, कौन-सी टपरी पूरी रात खुली रहती है, कौन-सा ठेका बन्द होने पर भी बन्द नहीं होता, कोरेगाँव से एम.जी. रोड के लिए ऑटो वाला कितने लेगा, ऑटोवाले से बात करूँगी तो उसे मेरी और मुझे उसकी बात समझ आएगी, कौन-सा पंसारी मैगी का एक पैकेट और दूध घर पर बिना चिकचिक के भिजवा देगा, मोमो वाला कितने बजे आएगा और कब तक रहेगा, घर की चाबी कौन-से पड़ोसी के पास छोड़नी है, चाबी अन्दर भूलने पर कहाँ चाबीवाले का घर है, कौन-सी रोड पर किस समय ट्रैफ़िक होगा, नो-पार्किंग से गाड़ी उठी तो कौन-से थाने में मिलेगी, रेड लाइट तोड़ने के कितने पैसे लगेंगे, कौन-सा पेट्रोल पम्प ठीक रेट लगाता है, मॉर्निंग शो में समोसे कौन-से मल्टीप्लेक्स में मिलेंगे—और भी हज़ार बातें हैं, जिन्हें मैं अब भूल गई हूँ। लेकिन मेरे वहाँ जाते ही वो उछलती-सी सामने आ जाएँगी और मैं हर बार की तरह ख़ुद से जल्दी लौट आने का वादा करती हूँ।

हम अंटोनिओ की पहचान के एक रेस्त्राँ में डिनर कर वापस लौट आये। उसका घर उसकी दुकान के ऊपर ही है। मुझे अभी

पैदल फिलिपो के घर वापस जाना है। मेरा मन बिलकुल भी नहीं है वापस जाने का, लेकिन और क्या उपाय है! यूँ तो मैं अंटोनिओ के घर रुक सकती थी, रुकी नहीं... मैं कल सुबह वापस दुकान पर आने का वादा करके उससे विदा लेती हूँ। फिलिपो बेहद नेकदिल इनसान है, लेकिन वहाँ जाना मुझे अब भी अटपटा लग रहा है।

*

फिलिपो नाश्ते में अंडा और इंस्टेंट पराँठा ऑफ़र करता है। मैं चाय बनाती हूँ। अफ्रीका के कई देशों में भारतीय खाने का प्रभाव है। वहाँ बड़ी संख्या में भारतीय लोग बसे हैं तो रोटी और पराँठा तो उनकी भी डाइट में शामिल हो चुका है।

मैं नाश्ता कर अंटोनिओ की दुकान में लौट आती हूँ। फिर से एक ख़ाली दिन जीने। मुझे फ़ोटोग्राफ़ी का शौक़ नहीं है, और DSLR की फ़ोटोग्राफ़ी तो मुझे यों भी काफ़ी मुश्किल लगती है। उसकी दुकान क्लासिक लाइका, जिसकी क़ीमत एक से दस लाख तक होती है, जैसे कैमरों से भरी पड़ी है। वह चालीस साल से फ़ोटोग्राफ़ी कर रहा है। फ़ोटो खींचना, रील डेवलप करना, कैमरे ठीक करना, पिनहोल कैमरे बनाना-सिखाना, और दुकान में आए हर नए चेहरे की फ़ोटो खींचना—यों ही उसका दिन बीतता है। उसके पास दस हज़ार से ज़्यादा अलग-अलग चेहरों की तस्वीरें हैं! पूरी दुनिया से उसके पास लोग फ़ोटोग्राफ़ी सीखने आते हैं। एक बार को तो मेरा भी तेज़ मन करता है कि उसके यहाँ थोड़े दिन काम कर लूँ। रहने को मिल जाएगा, शायद कुछ फ़ोटोग्राफ़ी भी सीख लूँ। सबसे ज़्यादा लालच

मुझे वहाँ बस ख़ाली दिन गुज़ारने का है।

मैं जीवन में फ़ुर्सत नहीं, फ़ुर्सत में जीवन चाहती हूँ। बचपन से अब तक की मेरी उम्र बेहद व्यस्त रही है। पहले चेस, फिर पढ़ाई, फिर काम और काम। 'ख़ाली' की तलाश मेरे जीवन में हमेशा बनी रही। मुझे हमेशा से धूप में बैठकर मटर छीलने से बड़ा सुख और कोई नहीं लगता, इससे बड़ी कोई लग्ज़री नहीं लगती।

आज भी मैंने पूरा दिन अंटोनिओ की दुकान में गुज़ार दिया। बीच में एक बार बाज़ार जाकर ब्रेड, मछली और टमाटर ले आई। लोग आते-जाते रहे। अंटोनिओ दुकान के बाहर खड़ा सिगरेट फूँकता लोगों की ख़ैर-ख़बर लेता रहा। मैं ग्राहकों को देखती-सुनती रही... एक और दिन यूँ ही निकल गया...

अंटोनिओ के साथ सहज होने में मुझे कोई एफ़र्ट नहीं लगाना पड़ा। उसके साथ मैं इतनी कम्फ़र्टेबल थी, जैसे जेंडर बीच में था ही नहीं। कुछ लोग सोच सकते हैं कि उसकी उम्र साठ के पार थी तो शायद इसलिए हमारे बीच ऐसा कोई तनाव नहीं था। लेकिन मेरे अनुभव में उम्र का सहज होने से कोई रिश्ता नहीं है। मैं अपने देश में हमउम्रों के साथ ज़्यादा कम्फ़र्टेबल महसूस करती हूँ, बजाय उम्रदराज लोगों के। सहजता इनसान का गुण है; कुछ साध लेते हैं, कुछ पूरी उम्र सहज नहीं हो पाते।

शाम को अंटोनिओ के घर डिनर का प्लान बना। दुकान के ऊपर तीन कमरे का यह घर दुकान का ही एक्सटेंशन लग रहा था। हर तरफ़ कैमरे ही कैमरे, रील ही रील, तस्वीरें ही तस्वीरें। बैठक के ठीक बीच में खुली रसोई, और रसोई की अलमारियों तक में रखे हुए कैमरे! घर में सारा सामान पुराने ज़माने का—विंटेज टाइप—था।

इस्तेमाल में कहीं भी प्लास्टिक का नामो-निशान नहीं। लोहे और मिट्टी के बर्तन, लकड़ी की शेल्फ़ और अलमारियाँ, लकड़ी का फ़र्श, लकड़ी के स्पीकर्स, ढेर सारी फ़ोटोग्राफ़ी और आर्ट की किताबें, तस्वीरें और फूलों के अलावा ढेर सारी वाइन की बोतलें। अंटोनिओ यहाँ अकेला रहता है। सुबह यहीं से दुकान चला जाता है। शाम होने पर वापस यहीं लौट आता है। उसकी बेटी इंग्रिड भी आती रहती है और पूरा शहर तो जानता ही है उसे। शायद वो इसलिए भी अकेला रहता है। पूरे दिन इतने लोगों से मिलकर अपने-आप से मिलना भी तो ज़रूरी हो जाता होगा।

उसका दोस्त फ्रांसिस और उसकी बेटी इंग्रिड भी खाने पर आए हैं। एक पुराने ग्रामोफ़ोन पर संगीत बज रहा है और सबके लिए इतालियन ड्रिंक ऑपेरोल बनाई गई है। हम सब पास्ता बोनलेस बना रहे हैं। मीट को पहले कूटा गया है और अब सब साथ मिलकर एक परांँत में उसके लड्डू-से बना रहे हैं। अंटोनिओ पास्ता उबाल रहा है, फिर ये मीट बॉल्स भी उबाल लिए जाएँगे और टमाटर की ग्रेवी के साथ परोसे जाएँगे। ये एकदम दादी के घर जैसा है। गाँव वाला सर्दियों का घर जब सब साथ बैठकर, चूल्हे पर गाजर का हलवा बना रहे होते थे। कोई गाजर छीलता, कोई घिसता, फिर सब बारी-बारी दूध में उसे चलाते। साथ में मूँगफलियाँ भी खा रहे होते। यहाँ गाजर की जगह मीट ने ले ली थी, लेकिन फिर भी सब वैसा ही है।

फ्रांसिस फ्रेंच है और तलाक़शुदा भी। "नार्वेजियन औरतों को हैंडल करना सबके बस की बात नहीं"—फ्रांसिस और अंटोनिओ अपने वाइन ग्लास खनकाते हुए चिल्लाते हैं। अंटोनिओ की बेटी इंग्रिड जो ख़ुद एक नार्वेजियन औरत है, इन दोनों मर्दों की ओर दया से देखती है।

8

विश्वास और जवाबतलबी

रिसेप्शन पर एक बेहद सुन्दर, लम्बा-तगड़ा, घुँघराले बालों वाला लड़का खड़ा था। डीलडौल देखकर उसके आर्मी में होने का अनुमान भी लगाया जा सकता था। इस जगह भी शायद क़द-काठी देखकर ही नौकरी दी जाती होगी। यहाँ जान का ख़तरा तो नहीं लगता था, लेकिन सुन्दर शरीर किसे नहीं सुहाता; तब तो और भी ज़्यादा जब बाज़ार ही शरीर का हो। उसने हमसे हँसकर बात की और हमें फ़्री ड्रिंक्स भी ऑफ़र की। मैं आज सोचती हूँ तो हैरान होती हूँ कि कैसे हमने बिना सोचे-समझे ड्रिंक्स पी लीं। कुछ मिला-विला दिया होगा, ऐसा ख़याल भी नहीं आया। क्या होता अगर मिला दिया होता? ग़लती हमारी होती या उसकी?

क्या एक इनसान का दूसरे इनसान पर विश्वास करना बेवक़ूफ़ी है? या किसी अजनबी पर विश्वास करना बेवक़ूफ़ी है? या अजनबी शहर में किसी अजनबी पर विश्वास करना बेवक़ूफ़ी है? क्या किसी

जान-पहचान वाले पर विश्वास किया जा सकता है? कहाँ तक विश्वास करना ठीक है? बेस्ट फ्रेंड के पापा पर? ऑफ़िस सीनियर पर? दूर के रिश्ते के मामा पर? पड़ोसी पर? दोस्त पर तो कर ही सकते होंगे, कि वो भी नहीं? कहाँ तक विश्वास करना ठीक है? घर में रहकर विश्वास कर लें? या पब्लिक प्लेस में विश्वास ठीक रहेगा? खुले मैदान में या ऑफ़िस केबिन में? कितना विश्वास ठीक रहेगा? कितना परसेंट? तीस परसेंट या सत्तावन? मतलब साथ लंच करने तक विश्वास कर सकते हैं, डिनर शायद नहीं? या डिनर भी ठीक है, ड्रिंक नहीं? सात बजे तक डिनर, ग्यारह बजे नहीं? और ड्राइव? दोपहर को ठीक है, देर रात नहीं? और पहने क्या? जीन्स ठीक है या सलवार कुर्ता? या साड़ी? फुल स्लीव्स? शॉर्ट्स नहीं चलेंगे? और बात कैसे करेंगे? फ़ोन पर ठीक है, चैट नहीं? कितनी बात करें? स्माइल वाला इमोजी ठीक है, हार्ट वाला नहीं? और कोई पसंद हो तो? उस पर विश्वास कर लें? कितना? फोटो भेज दें उसको अपनी? क्या रूल्स हैं उसके?

ख़ैर, हम तो निकली थीं दुनिया घूमने, विश्वास और आत्मविश्वास दोनों के झोले भरकर। इस अनजाने शहर में यह हमारी दूसरी रात थी। न हमें शहर का कुछ पता था, न यहाँ के लोगों का। भाषा भी नहीं आती हमें यहाँ की, और हम पहुँच गईं इंडिआना जोन्स बनकर शहर के सबसे बदनाम इलाक़े में। विश्वास के मामले में मेरा विश्वास है कि मैं किये जाऊँगी, चाहे टूटे हज़ार बार। कुछ अन्प्लेज़ेंट घटनाएँ मेरा घर से बाहर निकलना कैसे बन्द करवा सकती हैं? रोड ऐक्सिडेंट फुटपाथ पर चलना तो बन्द नहीं करा सकता ना? इसमें गाड़ी वाले को सम्भलना है या हमें? ये दुनिया भरोसे पर टिकी है और अगर

किसी का क़सूर है तो भरोसा तोड़ने वाले का, करने वाले का नहीं।

मरीसा को खींच लाई थी मैं अपने साथ यहाँ। अब रात को और क्या करें नए शहर में? डिस्को-विस्को, क्लब-व्लब का शौक़ है नहीं मुझे। यूँ भी सभी देशों में वे एक ही जैसे होते हैं। एम्स्टर्डम के बाद मुझे हर देश के रेड-लाइट इलाक़े देखने का शौक़ चढ़ा था। किस-किस तरह के लोग इस देह के बाज़ार का हिस्सा बनते हैं। कौन यहाँ बेचता है, कौन ख़रीदता है? बेचने वाली की क्या उम्र, क्या क़द-काठी, क्या कारण, क्या मजबूरी? ख़रीदार की क्या उम्र, क्या शौक़, क्या लालच, क्या मजबूरी?

"मैं एक बार अन्दर जाकर देख आऊँ?" मैंने सुन्दर लड़के से ब्रॉथेल के अन्दर जाने की इजाज़त माँगी। उसने छोटी चुप्पी के बाद हाँ में सर हिलाया। अन्दर घुप्प अँधेरा था। कुछ देर आँखों पर ज़ोर देने के बाद थोड़ा दिखाई पड़ा। अँधेरे में कहीं-कहीं चमकीली लाल और नीली लाइटें चमक रही थीं। बहुत सारे छोटे-छोटे कमरे थे। कमरों में लेदर के सिंगल बेड बिछे थे, मसाज टेबल जैसे। हवा में सर चकराने वाली गंध थी। ख़रीदे गए सेक्स की गंध! कोई खिड़की नहीं थी यहाँ। कई कमरों में हथकड़ियाँ और हंटर भी टँगे थे। बाथरूम के बाहर इस्तेमाल किए हुए कंडोम्स पड़े थे। मैं और भीतर जाती रही। कुछ कमरे बंद थे। अच्छा हुआ कि मुझे कोई दिखा नहीं, नहीं तो मैं क्या कहती? शायद इसीलिए उसने मुझे अन्दर जाने दिया, क्योंकि कोई अन्दर था नहीं। मैं बाहर आ गई। ये गंध उस घुटन की थी, जिसे यहाँ महसूस किया जा सकता था, देखा जा सकता था, सूँघा जा सकता था। घुटन देखी है कभी आपने? जहाँ से भाग जाने का मन करे, जिसे तोड़ देने का मन करे, जला देने का मन करे। ऐसी घुटन जिससे आज़ाद होने का मन करे।

बाहर लोग मरीसा के आस-पास इकट्ठे हो गए थे। एक बूढ़ा आदमी जो साठ-पैंसठ साल का रहा होगा, चुपचाप एक कोने में उदास बैठा था। एक अधेड़ उम्र का आदमी, हाथ में बियर लिये हँसता हुआ हमारे पास आया और ऊँची आवाज़ में कुछ कहने लगा। वो बीच-बीच में ख़ुद ही हँस भी रहा था, शायद उसे लग रहा था कि वो बहुत मज़ेदार बातें कर रहा है और सब उससे इम्प्रेस हो रहे हैं। लेदर के कपड़े पहने एक लड़की कोने में खड़ी थी, वो भी बीच-बीच में उस आदमी की बातों पर हँस रही थी। सब उन दोनों को देख रहे थे। वो लड़की यूक्रेन से थी, उसकी अंग्रेज़ी काफ़ी अच्छी थी। "जाने वो यहाँ क्यों थी?," ज़्यादातर देह के धंधे में आई लड़कियाँ कम पढ़ी-लिखी होती हैं, और अंग्रेजी नहीं जानतीं। यूरोप में तो अंग्रेजी जानने वालों को और कई काम मिल जाते हैं। ख़ैर ये भी एक काम ही तो है। लेकिन क्या वो कोई और काम नहीं करना चाहेगी?

*

कोपेनहेगन में मैंने कई लोगों को लिखा लेकिन कोई मुझे अपने घर में जगह देने को तैयार ना हुआ। सिटी सेंटर में एक हॉस्टल मिल गया मुझे, नाम था 'जनरेटर'। एक साधारण होटल से तीन-चार गुना बड़ा, एक बहुत बड़े तहख़ाने जैसा, जिसमें एक मंज़िल पर साइकल्स की पार्किंग, एक पर रिसेप्शन और पब, एक पर इंटरनेट कैफ़े और रेस्टोरेंट, और सब पर डोरमेटरी और बाथरूम्स। किराया था लगभग दो हज़ार रुपए पर डे। मेरे कमरे में सात लोग और थे।

डबल-डेकर बेड में मुझे ऊपर वाला बर्थ मिला था, नीचे वाले पर जाने कौन था लेकिन सामने वाले पर थी मरीसा। कल दोपहर उसे वापस चले जाना था। लेकिन अभी तो पूरी रात थी। हमने एक दूसरे को देखते ही दोस्ती कर ली और शाम को हॉस्टल के पब में मिलने की ठानी। यूँ दिखने में वो किसी भी साधारण पब जैसा था, लेकिन यहाँ जो लोग थे वो सब ट्रैवलर्स थे, ज़्यादातर सस्ता ट्रैवल करने वाले बैकपैकर्स। सब एक दूसरे को जैसे जानते-समझते थे। सबके पास अपनी-अपनी यात्राओं के क़िस्से थे। किसी से भी बात करना आसान था। यूँ भी सब बात कर ही रहे थे। ऐसा लग रहा था जैसे एक बड़ा-सा परिवार हो; घुमक्कड़ों का परिवार। जब तक मैं पब में पहुँची मरीसा पहले से ही आधे लीटर बियर का मग्गा पी रही थी। यूँ तो मैं बियर की बड़ी फ़ैन नहीं हूँ लेकिन वो मग काफ़ी ललचाने वाला था। मैं सोच ही रही थी कि एक अजनबी मेरी तरफ़ अपना मग बढ़ाते हुए बोला, "मैंने ले तो लिया लेकिन लेते ही ख़याल आया कि मुझे तो ड्राइव करना है। तो आप चाहें तो ये आपका।" बाहर किसी पब में शायद ऐसा नहीं होता, लेकिन यहाँ खाना शेयर करना आम है। ख़ैर मैंने वो फ्री बियर का गिलास ले लिया और इस तरह अनजान आदमियों से फ्री दारू ऐक्सेप्ट करने का सिलसिला शुरू हो गया और विश्वास करने का भी।

हम टहलते-टहलते एक सुनसान इलाक़े में आ गईं। यहाँ इक्का-दुक्का लड़कियाँ सड़क पर अकेली खड़ी थीं। छोटे-छोटे दरवाज़ों वाले बार थे, जिनकी लाइट्स और इश्तिहार देखकर साफ़ था कि ये किस टाइप के हैं। हमें थोड़ी झिझक हुई कि हमें अन्दर जाना चाहिए या नहीं। एक बार में तो एंट्री पचास यूरो थी, इतनी डेस्परेट

नहीं थीं हम। ये एम्स्टर्डम जैसा organised नहीं था, एम्स्टर्डम का रेड लाइट डिस्ट्रिक्ट तो चमकीला, ग्लैमरस और टूरिस्ट अट्रैक्शन था। यहाँ सब वैसा खुला-खुला नहीं था, ये अँधेरा सा इलाक़ा था। अँधेरे में जगह-जगह अकेली लड़कियाँ खड़ी थीं। हम थोड़ी देर और यूँ ही अलग-अलग बारों में झाँकती हुई चलती रहीं। एक अंडरग्राउंड बार में एक छोटी-सी खिड़की खुली थी, जिसमें वह सुन्दर लड़का बैठा था, हमने वापस मुड़ने से पहले एक और कोशिश की।

सवाल दोनों तरफ़ बहुत थे। लेकिन पूछे किसी ने नहीं। ना मैंने पूछा कि तुम्हें घुटन नहीं होती क्या, ना उन्होंने पूछा कि हम दो लड़कियाँ यहाँ क्या कर रही हैं। दो वयस्क लड़कियाँ हैं, अपनी मर्ज़ी से कहीं भी आ-जा सकती हैं। किसी को हमसे कोई दिक़्क़त है, ऐसा हमें महसूस नहीं हुआ और हमारा फ़ायदा उठाकर हमारे साथ कुछ किया जाना चाहिए ऐसा उन्हें महसूस नहीं हुआ। रिसेप्शन वाले लड़के ने हमें और ड्रिंक्स ऑफ़र कीं, लेकिन मेरा वहाँ रहने का और मन नहीं था, मरीसा को भी वापस जाना था। बिना कुछ काम के ऐसी जगहें काफ़ी उबाऊ हो सकती हैं। हम न सेक्स ख़रीदने आए थे, और न बेचने। हम बस जगह घेरे थे। हम थैंक यू बोलकर बाहर आ गए और कुछ देर बिना बात किए चुपचाप चलते रहे... जैसे किसी दूसरी दुनिया से वापस आ गए हों।

बाहर सब फिर से 'नॉर्मल' था। कपल्स हाथ पकड़े घूम रहे थे। रात का एक बज रहा था, भूख फिर से लग आई थी। वैसे भी डिनर में एक बड़ी बियर और जिन-टॉनिक के अलावा कुछ लिया भी नहीं था। रेलवे स्टेशन के सामने एक अधेड़ उम्र की औरत सॉसेजेस का स्टॉल लगाए हुए थी।

"ये आपका स्टॉल है? और आप यहाँ अकेली ही काम करती हैं? पूरी रात अकेले डर नहीं लगता?" मैंने उससे कई सवाल एक साथ किए। वो एक खरी डेनिश महिला थी। ये लम्बी-चौड़ी क़द-काठी, लाल बाल और बेझिझक, बिंदास स्टाइल, नाम था इंगा! इंगा ने बताया कि ऐसा नहीं है कि उसे डर नहीं लगता लेकिन उसे 'दो घुसंड' लगाना भी आता है। "कोई बदतमीज़ी करे तो पहले समझाओ, ना माने तो दो धौल लगाओ घुमा के!" उसने कहा। हम तीनों हँस पड़ती हैं।

अब लिख रही हूँ तो लगता है कि दो धौल जमा देना तभी आसान है जब मेजॉरिटी आपके साथ है, पुलिस प्रशासन, क़ानून आपके साथ है। यहाँ क़ानून इतने स्ट्रॉन्ग और औरतों के हक़ में हैं कि कोई विरला-सरफिरा ही होगा जो कुछ ग़लत हरकत करने की सोचेगा भी, नहीं तो ऐसा कैसे कि हम लड़कियाँ यूँ अकेले शहर-भर के कोने छान आईं, रात के अँधेरे में रेड लाइट एरिया घूम आईं और एक फ़ब्ती छोड़ो कोई नज़र भी ऐसी न मिली जो अपमानित करती हो? लेकिन क्या क़ानून स्ट्रॉन्ग होना काफ़ी है? क़ानून तो हमारे भी कुछ कम स्ट्रॉन्ग नहीं हैं। लेकिन इन फुसफुसाहटों का क्या करें। "बाक़ी सब ठीक है, लेकिन लड़कियाँ क्या करने गई थीं बाहर?", "ऐसी शेडी जगहों पर जाना ही क्यों?", "ठीक है नहीं होना चाहिए था, लेकिन!", "पर ये, पर वो!", "लेकिन ये, लेकिन वो!" कितना मुश्किल है ग़लत को ग़लत कहना बिना अगर-मगर के? बस यूँ ही घूमने गई थी, क्योंकि मन किया। इसके आगे कोई भी एक्सप्लेनेशन क्यों दी जाए? माँगी भी क्यों जाए?

9

नंगे कन्धे ढकता झीना स्कार्फ़

> सॉरी, आपको लास्ट मिनट लिख रही हूँ...लेकिन क्या मैं आपके पास आकर रुक सकती हूँ? आप अकेली लड़की हैं, जिसने मेरी काउचसर्फ़िंग रिक्वेस्ट एक्सेप्ट की है, बाक़ी पचहत्तर सिर्फ़ लड़के हैं।

ऐसा नहीं है कि मुझे लड़कों से कोई डर है। मैंने एक लड़के के साथ रहना तय भी कर लिया था जो अपने भाई के साथ एक शहरी कॉलोनी में रहता है। उसकी भाषा मुझे ठीक लगी और उसके पास रुके लोगों (जिनमें ज़्यादातर लड़कियाँ थीं) के सभी रिव्यूज़ भी पॉज़िटिव थे। लेकिन इस्ताम्बुल आए मुझे आधा दिन हुआ है और एक लड़के के साथ रुकने के अपने फ़ैसले पर मुझे शक होने लगा है।

ऐसा क्या हुआ है मेरे साथ इन कुछ घंटों में कि मुझे उस लड़की को लिखना पड़ा और अपना फ़ैसला बदलने को मजबूर हो गई? अपने होस्ट के घर जाने का समय हो गया है और मैं हिचकिचा रही हूँ। डर रही हूँ, घबरा रही हूँ। यह मेरा पहला ट्रिप नहीं है। यह मेरा लगातार चौथे साल का सोलो ट्रिप है। मैं लगभग पूरा यूरोप अकेले घूम चुकी हूँ और हर देश में अलग-अलग लोगों के साथ रुकी हूँ। कभी अकेले लड़के, कभी पूरा परिवार, कभी अकेली लड़कियाँ, और कभी-कभार किसी पार्क या रेलवे स्टेशन पर भी। जब मैं घूमती हूँ तो लोकल लोगों के साथ रुकती हूँ। काउचसर्फ़िंग वेबसाइट पर उनको रिक्वेस्ट लिखती हूँ और उनसे बातचीत करके, रिव्यू पढ़कर उनके साथ ठहरना डिसाइड करती हूँ। यह इतना आसान भी नहीं होता, कभी-कभार दस-बीस रिक्वेस्ट भेजो तो कोई एक एक्सेप्ट होती है। कभी-कभी एक भी नहीं होती, तो और बीस-तीस भेजती हूँ। इस्ताम्बुल आने से पहले एथेंस शहर में बड़ी मुश्किल से एक रिक्वेस्ट एक्सेप्ट हुई थी। लेकिन इस्ताम्बुल का काउचसर्फ़िंग अनुभव एकदम न्यारा था।

मैंने वेबसाइट पर एक ओपन रिक्वेस्ट डाली थी, जिसका मतलब है कि आप किसी एक इनसान को नहीं लिखते; बस वेबसाइट पर डाल देते हो कि आप उस शहर आ रहे हो और अगर कोई भी आपको होस्ट करना चाहता है तो लिखे। मेरे पास होस्ट करने वालों की लाइन लग गई। सच में! इतने सारे लोगों ने पर्सनल मैसेज भेजे कि वो मुझे होस्ट करना चाहते हैं। मैसेज भेजने वाले सब-के-सब लड़के! इसमें कोई हैरत नहीं थी। लड़कियाँ यूँ ओपन रिक्वेस्ट को एक्सेप्ट नहीं करतीं, ऐसा तजुर्बा मुझे हर देश में हुआ है। रोज़ बीसियों

लड़कों के मैसेज आने लगे अपने पास रुकाने के लिए। मैंने एक प्रोफ़ाइल की थोड़ी जाँच-पड़ताल करके उसे लिख दिया कि मैं फ़लाँ-फ़लाँ तारीख़ को आऊँगी और चार-पाँच दिन रुकूँगी। उसके बाद भी जब मैसेज आने बन्द नहीं हुए तो मैंने अपनी पब्लिक रिक्वेस्ट हटा ली। लड़कों के इन ढेरों मैसेजेज में, एक लड़की का भी मैसेज था। लेकिन मैं पहले ही किसी और को लिख चुकी थी और उसका जेंडर मेरा फ़ैसला बदलने की वजह नहीं होनी चाहिए। पर अब मैं सिर्फ़ उसके जेंडर के कारण अपना निर्णय बदलना चाहती हूँ।

यूरोप घूमते-घूमते मैं ऊब गई थी। इस्ताम्बुल में क़दम रखते ही लगा कि यह न्यारा है। इसका तो हवाई अड्डा भी मीना बाज़ार सा था। लगभग दो घंटे के बस और मेट्रो के सफ़र के बाद मैं शहर के बिचाळै पहुँची। मेरी टिकट से मेट्रो का दरवाज़ा नहीं खुला तो पानी बेचते एक आदमी ने कहा, “खलास!” मैंने दरवाज़े के ऊपर से छलाँग लगाई तो वह हँसने लगा। मैंने पानी ख़रीद लिया। मुझे बाद में समझ आया कि हमारे और तुर्की के कितने सारे शब्द एक जैसे हैं; जैसे किताब तो किताप, दामाद को दामात, इश्क को अस्क, कबाब को केबाप, बाज़ार को बाजार, सुबह को सबह, ज़हर को जहिर, पापा को बाबा, इनसान को इनसान, ज़माना को जमान, दोस्त को दोस्त, दुश्मन को दुश्मन, इशारा को इशारा—और भी कितना सारा! भाषा ज़रूरत है। अपने को कहने की, दूसरे को समझने की। अपने देश, अपनी भाषा, अपनी संस्कृति पर गर्व वाली बातें मुझे फूहड़ लगने लगी हैं। गर्व एक राजनीतिक इमोशन है।

सूरज चढ़ रहा था। भीड़-भड़ाका था। हवा में मीठी-सी कोई महक घुली थी। मैं उसका पीछा करते-करते एक हलवाई की बड़ी-

सी दुकान के सामने आ पहुँची। दुकान में तरह-तरह की रंग-बिरंगी मिठाइयाँ शीशे के शोकेस में सजी थीं। बिलकुल अपने यहाँ के हलवाइयों की दुकानों जैसी। कई बड़ी परातों में मिठाइयाँ शोकेस के ऊपर भी रखी थीं, ताकि ग्राहक चख सके। दो माले की इस दुकान में दूसरा माला यहीं बैठकर खाने और चाय-कॉफ़ी पीने के लिए था, कैफ़े जैसा। मैं कशमकश में थी कि भूख तो लगी है, लेकिन भूख मिठाई खाकर मिटानी है या तुर्की खाना—इसी कशमकश में मेरे हाथ खुली परात की तरफ़ बढ़ गए और मैंने मिठाई का एक टुकड़ा उठा लिया। चाशनी में लिपटे काजू और पिस्ते अपने करारे खोल के साथ मेरे मुँह में घुल गए। बारह बज के पचपन मिनट हुए थे। पूरा शहर अज़ानों से गूँज उठा।

उस लड़की का मैसेज तुरन्त आ गया। उसने लिखा कि उसे अन्दाज़ा था कि मैं उसे लिखूँगी। कोई भी परेशानी है तो मैं बिना सोचे उसके पास चली आऊँ। वह शहर के बाहरी इलाक़े में रहती है। ...क्या करूँ? उसकी बातों से यह तो साफ़ है कि यह मुझ अकेली का अनुभव नहीं है। अगर यह एक लोकल लड़की कह रही है कि उसे आभास था, इसका मतलब उसे भी पता होगा अपने शहर और इसमें रहने वाले लोगों के बारे में...तो क्या मुझे उसके पास चले जाना चाहिए? अपने कुछ घंटे के एक्सपीरियंस से शहर को जज कर लूँ? शहर के सब मर्दों को जज कर लूँ? लेकिन मुझे अपने बारे में भी तो सोचना है। मैं अनजाने शहर में यों ही तो ख़ुद को परेशानी में नहीं डाल सकती। लेकिन फिर तो ये एक्सपीरियंस पक्का हो जाएगा और मुझे शायद अपना ओपेनियन बदलने का मौक़ा भी न मिले। लेकिन मेरी सलामती शहर के बारे में मेरी राय से ज़्यादा

ज़रूरी है, है न? इसी कशमकश में मैं थकी हुई एक मस्जिद के पास बने चबूतरे पर कई कबूतरों के पास अपना सर पकड़े बैठ गई।

मिठाई वाले दुकानदार से ही मैंने पूछ लिया कि लोकल खाने की कोई बढ़िया जगह मुझे बता दे। इस दुकान के पीछे कुछ गली छोड़कर ही खाऊ गली थी, जहाँ दर्जनों छोटे-छोटे रेस्टोरेंट थे। उनमें से ज़्यादातर टूरिस्ट टाइप के ही लग रहे थे, जिस तरह से उन्होंने 'ओरिजिनल टर्किश खाना' के पोस्टर्स अपनी दुकानों के बाहर टाँग रखे थे। मुझे ओरिजिनल ही खाना था, लेकिन यहाँ मिलेगा, ऐसा नहीं लगा। मैं भूखे पेट ऐसी दुकान ढूँढ़ती रही, जहाँ यह 'ओरिजिनल' वाला पोस्टर न टँगा हो।

तुर्की खाना काफ़ी बेसिक है—नान जैसी रोटी, सूखा मीट, प्याज़-टमाटर का सलाद और छाछ। एकदम खेत के खाने वाला स्वाद था। छाछ को यहाँ 'एरन' कहते हैं और यह हर जगह मिलती है, एयरपोर्ट्स पर भी। इतना सुखद था इस्ताम्बुल में छाछ पीना और उससे भी सुखद था यह देखना कि कैसे इन्होंने इसे बचा रखा है। भर पेट छाछ-क़बाब-रोटी खा लेने के बाद मैं सुल्तान अहमद मस्जिद की तरफ़ चल दी। मैप में देखा था कि मस्जिद के पास बड़ा-सा गार्डन है, एक बाज़ार है और कई सारे कैफ़े हैं। मैंने सोचा, थोड़ी देर पार्क में सुस्ताकर बाज़ार घूमूँगी, फिर किसी कैफ़े में चाय के साथ किताब पढ़ूँगी और तब तक होस्ट के घर जाने का वक़्त भी हो जाएगा। मस्जिद की तरफ़ जाते वक़्त मैंने एक-दो लोगों से रास्ता पूछा; कुछ लोगों ने पलटकर पूछा कि मैं कहाँ से आई हूँ, एक रास्ता बताने वाले ने साथ ले चलने को कहा, कई सारे दुकानदारों ने अन्दर आने का न्योता दिया। यह सब तो होता ही है बाज़ारों में

शायद, लेकिन आपको अपनी समझ के अनुसार आगे बढ़ जाना होता है। यही सीखा है हमने, यही सिखाया गया है हमें। मैं सारे कमेंट्स और बुलावों को इग्नोर करती आगे बढ़ गई।

मस्जिद के आसपास ख़ूब भीड़ थी। कुछ कॉलेज के बच्चे वालंटियर का टैग लगाए लोगों की मदद कर रहे थे। ऐसा मैंने और देशों में भी देखा है, जब टूरिस्टी सीजन में यंग वालंटियर्स सैलानियों की मदद करते हैं। बच्चों को कुछ पॉकेट मनी और वर्क एक्सपीरियंस मिल जाता है और पर्यटन विभाग को मदद। मैंने एक लड़की से कुछ सवाल पूछे तो उसने सामने से और कई सवाल किए। वह मुझे अकेली घूमते देख बहुत ख़ुश हुई और अपनी दो और सहेलियों को बुला लाई। सबने मेरे साथ फ़ोटो खींचे और अपने-अपने फ़ेसबुक डिटेल्स शेयर किए। उन्होंने बताया कि आजकल वे गर्मियों की छुट्टियों में यहाँ वालंटियर का काम कर रही हैं तो रोज़ सुबह से दोपहर तक यहीं होती हैं। हम सबने कल फिर मिलने का वादा किया। अब थकान इतनी थी कि और चल पाना मुश्किल था। मैंने थोड़ी दूर एक छायादार पेड़ ढूँढ़ा और उसके नीचे अपने बैकपैक को सिरहाना बनाकर लेट गई। अब एक घंटे तक मैं कहीं नहीं जा रही।

हिम्मत और बेवकूफ़ी में मासे भर का फ़र्क़ होता है, पहचान और जजमेंट में भी। मैं अपने होस्ट के घर जाने का फ़ैसला करती हूँ। मैं तय करती हूँ कि उसके घर जाऊँगी। देखूँगी इलाक़ा कैसा है, आसपास लोग कैसे हैं, इमारत कैसी है, पास-पड़ोस कैसा है। मिलूँगी, कुछ देर बात करूँगी, अगर उसके बाद भी मुझे सब ठीक नहीं लगता है तो उस लड़की के पास चली जाऊँगी और नहीं तो वहीं रुकूँगी। अगर बिना गए कैंसल करूँगी तो तुर्की मर्दों के बारे में मेरा एक ओपिनियन बनेगा ही

बनेगा, उसका भी शायद भारतीय यात्रियों से विश्वास उठ जाए। क्या जाने फिर कभी वह किसी भारतीय को अपने पास रुकने का आमंत्रण भी न दे। ऐसे लास्ट मिनट कैंसल नहीं करूँगी, मैंने पक्का कर लिया और बैग उठाकर ट्राम स्टेशन की तरफ़ चलने लगी।

ज़्यादा देर नहीं सुस्ता पाई थी कि प्यास लग गई और सूरज भी तेज़ हो गया। थकान थोड़ी तो उतर ही गई थी। कहीं ठंडा-ठंडा शरबत मिल जाए बस! बैग उठाकर बाज़ार की तरफ़ बढ़ गई। बाज़ार क्या था, सफ़ेद टाइलों से बनी एक लम्बी गली थी, चकाचौंध, इत्रों से महकती हुई। गली के दोनों तरफ़ छोटी-छोटी दुकानें थीं—कालीनों की, इत्रों की, मिट्टी के रंग-बिरंगे बर्तनों की, ड्राई फ्रूट्स की, मिठाइयों की, खजूरों की, केसर की, सोवेनियर्स की, सोने-चाँदी के गहनों की। सब दुकानदार आदमी थे, लगभग सभी बाहर ही खड़े थे; या तो चाय पीते हुए एक-दूसरे से गप कर रहे थे या आते-जाते लोगों को बुला रहे थे—"ब्यूटीफ़ुल कम इनसाइड, डोंट बाय एनीथिंग, कम फ़ॉर ए चैट", "हेलो, व्हेयर आर यू फ्रॉम? फ़र्स्ट टाइम इन इस्ताम्बुल? कम इनसाइड फ़ॉर ए चैट...", "हेलो, ताजमहल", "हेलो, आर यू फ्रॉम इंडिया? ब्यूटीफ़ुल इंडियन गर्ल! डोंट बाय, लेट्स बी फ्रेंड्स?" मुझे हर तरफ़ से इन आवाज़ों ने घेर लिया था। यह कोई अनोखी बात नहीं थी। कई बाज़ारों में लोग ऐसे ही बुलाते हैं। लेकिन यहाँ बुलाने वालों की संख्या बस थोड़ी ज़्यादा थी। इसमें दिलचस्प बात यह थी कि ये फ़ब्तियाँ नहीं थीं, सीधा बुलावा था। सब सामने-सामने। फुसफुसाकर कही गई कोई अश्लील बात नहीं थी।

ये उनके बुलाने का तरीक़ा था या मैं ही कुछ ख़ास अटेंशन अट्रैक्ट कर रही हूँ? मैं अपने कपड़े चेक करती हूँ। मैंने कोई

भड़काऊ कपड़े नहीं पहने हैं। ग्रे जीन्स, सफ़ेद टी-शर्ट और भूरे रंग के बड़े-बड़े जूते। कोई मेकअप नहीं किया। एक बड़ा-सा बैग पीठ पर लादा हुआ है और एक झोला कन्धे पर लटकाया हुआ है। ऐसा भी तो नहीं होगा कि इन्होंने पहली बार किसी लड़की को अकेले, जीन्स-टी-शर्ट पहनकर घूमते देखा होगा? इस्ताम्बुल में रोज़ दुनिया भर से हज़ारों टूरिस्ट आते हैं। यह एकदम बीच बाज़ार है। शायद यही तरीक़ा होगा इनका टूरिस्टों को बुलाने का? ख़ैर, जाने दो। मैंने इन बातों का कोई ज़्यादा मतलब नहीं निकाला और एक कैफ़े ढूँढ़ लिया।

होस्ट के घर जाने के लिए मैंने ट्राम ली। ट्राम अब दुनिया के कुछ ही शहरों में बची है। सड़क पर चलती रेलगाड़ी, सरकती कहना ज़्यादा ठीक रहेगा। बैठने को जगह नहीं थी। बीस-पच्चीस मिनट का सफ़र था तो मैं अपना बैकपैक उतारकर नीचे रख देती हूँ और उसी के ऊपर बैठ जाती हूँ। सब लोग काम से लौटने वाले लगते हैं। औरतों के मुक़ाबले आदमी ज़्यादा हैं। ज़्यादातर औरतें अधेड़ उम्र की हैं। आदमी सभी उम्र के दिखाई पड़ते हैं। कुछ औरतों ने बुर्का पहना है, कुछ ने हिज़ाब और नीचे ढीले-ढाले चोग़े जैसा टॉप और ट्राउज़र, कुछ औरतों ने जीन्स और टॉप पहना है तो किसी-किसी ने घुटने तक की ड्रेस भी पहनी है। आदमियों ने ट्रॉउज़र-शर्ट या टी-शर्ट पहनी है। कुर्ता-पाजामा किसी ने नहीं पहना है। यहाँ के लोगों के चेहरे-मोहरे, यहाँ तक कि क़द-काठी भी काफ़ी कुछ उत्तर भारत जैसी है। सिर्फ़ भाषा सुनकर ही पता चलता है कि ये तुर्की हैं। ट्राम के अन्दर-बाहर लोग-ही-लोग दिखाई पड़ते हैं। लगता है मेरे होस्ट का घर भी भीड़भाड़ वाले इलाक़े में होगा। वैसे लगता नहीं, यहाँ कोई

भी इलाक़ा कम भीड़ वाला होगा। फिर भी मैं चाहती हूँ कि शहर से दूर, खुले में न हो उसका घर। ऐसी जगह होनी चाहिए, जहाँ से वापस आना आसान हो और लोगबाग आसपास हों, अगर मुझे ज़रूरत पड़ी तो। वैसे सोचने को कितने लोग मौजूद होते हैं ज़रूरत पड़ने पर? फिर भी सुरक्षा का एक भरम बना रहेगा।

कैफ़े के बाहर मेज़ और बड़े मूढ़े रखे थे, बड़े पंखे भी लगे थे। अन्दर ख़ाली था। सब लोग बाहर ही बैठे लगते थे। लगभग सब मेज़ें भरी हैं, लेकिन फिर भी काफ़ी रिलैक्स्ड, फ़ैमिली जैसा माहौल था। एक बड़ा परिवार अपने कई बच्चों के साथ बैठा था। बड़े बच्चे कैरम खेल रहे थे। छोटे बच्चे माँओं की गोदियों में चढ़े थे और उनसे भी छोटों को बाप गोदी में लिये चुप करा रहे थे। वेटर मेरे पास मुस्कुराता आया और बैठने का इशारा किया। मैंने एक शरबत ऑर्डर करके अपनी किताब खोल ली। मुझे अभी कुछ घंटे यहीं बिताने हैं। जूते खोलकर, पैर मेज़ के नीचे से होते हुए सामने वाली कुर्सी पर टिका लिए। वेटर मेरा शरबत ले आया और मेरे मुस्कुराने पर वहीं खड़ा रहा। मैंने उसका नाम पूछा, एक-दो बातें और भी। वह बार-बार मेरी टेबल पर आता रहा और मुस्कुराकर कुछ-कुछ पूछता रहा। शुरू में यह ठीक था, लेकिन जब मैंने देखा कि और वेटर्स भी मुझे देखकर मुस्कुराते हुए आपस में कुछ फुसफुसा रहे हैं तो मुझे थोड़ा अजीब लगा। मैं जब अन्दर वाशरूम गई, तब मेरी टेबल वाला वेटर मेरे पीछे-पीछे आ गया। अब मुझे थोड़ी चिढ़ मच रही थी, लेकिन वो बस मुस्कुरा रहा था। मैं वाशरूम से बाहर निकली तो वह बाहर ही खड़ा था। बोला, "आओ, तुम्हें एक जगह दिखाता हूँ!" कैसा आदमी है ये—मैं सोचती हूँ और उसकी हिम्मत

पर हैरान होती हूँ। चलो इसे भी देखते हैं।

वह मुझे कैफ़े के पिछले हिस्से में ले जाता है। वहाँ छत खुली थी। जहाँ से उस ख़ूबसूरत नीली मस्जिद का इकलौता मंज़र नज़र आता था। "आपको यहाँ से फ़ोटो खींचनी चाहिए" वो कहता है। बस, इतनी सी बात थी!

अब मैं बेफ़िक्र होकर फिर किताब पढ़ने लगी। थोड़ी देर बाद वह फिर आया। उसने मेरा नम्बर माँगा। सब वेटर यह देखकर हँस रहे थे। "मेरे पास लोकल नम्बर नहीं है," मैंने कहा। उसने कहा, वह मुझे शहर घुमाना चाहता है। घूमना तो मैं भी चाहती हूँ, लेकिन अब मैं वहाँ और नहीं बैठना चाहती और न उन मुस्कुराते चेहरों को और देखना चाहती। मैं वहाँ से उठ गई। वापस बाज़ार से होते हुए मुझे ट्राम स्टेशन जाना था।

स्टेशन से दस-पन्द्रह मिनट पैदल का रास्ता था, मेरे होस्ट के घर का। मेन रोड से एक गली अन्दर मुड़ जाती है। यहाँ पुरानी दिखने वाली चार-पाँच माले तक की बिल्डिंगें हैं; सब आपस में सटी हुई हैं, दिल्ली की पुरानी कॉलोनियों जैसी। सँकरी-सी गली में एक साइड पर गाड़ियाँ पार्क हैं। बस चलने भर को जगह है। फुटपाथ जैसी कोई चीज़ है तो, लेकिन उस पर चलना माने गाड़ियों और इमारतों से सटकर चलना। गली में बच्चे साइकिल चला रहे हैं, कबाड़ ख़रीदने वाला अपनी लकड़ी की रेहड़ी लिये आवाज़ लगा रहा है, बूढ़ी औरतें कुर्सी डालकर बैठी हैं, आदमी खड़े चाय पी रहे हैं। परचून की दुकान है, जिसके आगे लकड़ी के मेज़ पर केले, अंगूर, अनन्नास, तरबूज और ख़रबूजे रखे हैं। घरों के बाहर कपड़े सूख रहे हैं। बिजली के खम्भे गली के बीच में ही आराम से खड़े

हैं, तार आपस में गुत्थमगुत्था हो रहे हैं। एक पेड़—जिसके दोस्त नहीं दिखते, उदास-सा खड़ा है। गर्मियों की अलसाई-सी शाम है ये। एकाध बेचैन बच्चे अपने सोते घरवालों को चकमा देकर बाहर फिरने आ गए हैं। मैं अपने बैकपैक के साथ लगभग सरकती-सी अपने होस्ट का घर तलाश रही हूँ। यहाँ ज़्यादातर औरतों ने हिजाब या बुर्क़ा पहना है। आदमी यहाँ भी पैंट-टी-शर्ट में ही हैं। यह इस्ताम्बुल का कंजर्वेटिव इलाक़ा माना जाता है। यहाँ के और मॉडर्न इलाक़े के आदमी सेम ही कपड़े पहने हुए हैं।

बाज़ार की आवाज़ें अब मुझे एंटरटेन नहीं कर रहीं। अब सब फ्रेंडली, फ़्लर्ट करने वाले कमेंट्स मुझे ग़ुस्सा दिला रहे हैं। मैं जल्दी से बाज़ार से गुज़र जाना चाहती थी। कभी किसी ख़ूबसूरत चीज़ को देखकर नज़र टिकती तो दुकानदार का लार टपकाता चेहरा देखकर हट जाती। मैं सोच रही थी, कैसे टैकल होगा यह शहर मुझसे? ऐसे कैसे घूमूँगी नज़रें चुराते! ऐसे बचते-बचाते तो किसी से बात ही नहीं कर पाऊँगी। इसी सोच-विचार में मैं वापस सुल्तान अहमद मस्जिद के गार्डन में आ पहुँची। यहाँ भी मगरमच्छ मुँह बाए खड़े हैं। उन्हें शिकार की पहचान है। तीन-चार लड़कों का एक ग्रुप खड़ा है, सब टिंच तैयार होकर, इत्र लगाकर आए हैं। उनमें से एक पूछता है, क्या मैं इंडिया से आई हूँ और क्या इंडिया की सब लड़कियाँ इतनी ख़ूबसूरत होती हैं? इस बार मैं डट जाती हूँ, "हाँ, इंडिया की सब लड़कियाँ इतनी ही ख़ूबसूरत होती हैं। क्या इस्ताम्बुल के आदमी सब इतने ही फ़्लर्ट होते हैं?" वे थोड़ा खिसिया जाते हैं, लेकिन पीछे नहीं हटते। "ये देखो, हमारा यार कितना बाँका नौजवान है! आप इसके साथ और ख़ूबसूरत लगेंगी।" मुझे अब गेम समझ आने लगा था। मैं

तारीफ़ किए गए लड़के से पूछती हूँ, "आपकी बीवी भी आपके साथ बेहद ख़ूबसूरत लगती होगी, नहीं?" अब सबको लगा कि मैं शायद फँसने वाली मछली नहीं, मैं बड़े समन्दर पार करके यहाँ आई हूँ। सब ज़ोर-ज़ोर से हँसने लगे। मैंने उनसे सीधे पूछा कि क्या वे रोज़ यह सब करते हैं और क्या उनका गेम काम भी करता है। वे बताते हैं कि वे शाम को काम के बाद यहाँ आ जाते हैं और यूँ ही टूरिस्ट लड़कियों को दाना डालते हैं। "कभी-कभी कोई फँस भी जाती है तो उसके साथ घूमते-फिरते हैं।" सब-के-सब शादीशुदा थे। वैसे तो क्या बुराई है, मैं सोचती हूँ। सामने-सामने पूछते हैं। किसी का मन करे तो घूमे-फिरे, नहीं तो हाथ जोड़कर निकल जाए। लेकिन यह सब बेहूदगी तो है ही, थका देने वाली। चाहे यह बेहद साफ़ और सामने था, मेरी 'ना' की सुनवाई भी थी और इज़्ज़त भी, लेकिन मुझे क्यों इस नज़र से देखा जाए कि मैं एक शिकार हूँ, एक मौक़ा हूँ? इनकी बीवियाँ क्या कर रही होंगी इस समय? सोचती हुई मैं आगे बढ़ जाती हूँ।

अगर मेरा होस्ट भी ऐसा निकला, जहाँ मैं रुकी हूँ, तो?

ख़ैर, अब तो मैं बस पहुँच ही गई। मैंने एक पुरानी, जर्जर दिखने वाली बिल्डिंग में अपने होस्ट के घर की घंटी बजाई।

*

इतना शर्मीला था बीस-बाईस बरस का ईसा कि एक बार को मुझे यक़ीन नहीं हुआ कि वे सारे रिव्यू इसी की प्रोफ़ाइल पर थे। मतलब कि इसने सैकड़ों लोगों को अपने इस फ़्लैट में जगह दी थी। ईसा

को घूमने का शौक़ था, लेकिन वह अपने देश से बाहर कभी नहीं गया है। उसका गाँव इस्ताम्बुल से पाँच-छह घंटे दूर है और यहाँ वह बस नौकरी करने आया है। उसका छोटा भाई भी उसके साथ रहता है। वह इतना शर्मीला नहीं है, लेकिन उसे अंग्रेज़ी नहीं आती तो न चाहते हुए भी मेरे सामने चुप ही रहता है। दोनों भाइयों को अंग्रेज़ी सीखने का बहुत शौक़ है; यह भी एक वजह है कि वे अपने घर में घूमने वालों को जगह देते हैं।

मैं उनके घर चार दिन रही। ईसा से कुछ लम्बी बातचीत भी हुई—धर्म पर, उसके देश के पॉलिटिकल हालात पर, उसके समाज पर। मेरे पहले दिन का डर बेकार साबित हुआ। बाज़ार अभी भी वैसा ही था, लेकिन घर 'घर' जैसा था। दोनों भाई अपने काम-से-काम रखते और चूँकि वीक-डेज़ चल रहे थे तो उन्हें वैसे भी फ़ुर्सत नहीं थी। उनके काम पर चले जाने के बाद मैं शहर का रुख़ करती। जब वापस आती तो दोनों भाई टीवी देख रहे होते, और वहीं अपने सोफ़े को बेड में कन्वर्ट कर सो जाते। सुबह फिर ऑफ़िस। खाना-पीना बनाने वाली रसोई नहीं थी उनकी, हालाँकि सामान से भरी थी। यहाँ कुछ पकाया जा सकता है, इसकी कल्पना करना मुश्किल था। फिर एक सुबह ईसा ने मुझे टर्किश ब्रेकफ़ास्ट बनाकर खिलाया जो इसी रसोई से प्रकट हुआ था। टर्किश ब्रेकफ़ास्ट कोई छोटा-मोटा ब्रेकफ़ास्ट नहीं है। जितना साधारण इनका बाक़ी खाना है, उतना ही असाधारण इनका ब्रेकफ़ास्ट। दो-तीन तरह से बनाया अंडा, कई तरह की ब्रेड, चार-पाँच तरह का चीज़ और बटर, काले और हरे ऑलिव, चार-पाँच तरह की जैम और चटनियाँ, खीरे-टमाटर, तरबूज-ख़रबूज़, साथ में चाय और कॉफ़ी भी! दो-तीन घंटे तक चलता है नाश्ते का

यह प्रोग्राम; फिर शाम तक छुट्टी। वीकेंड्स पर दोस्तों का मिलना और यूँ ही घंटों नाश्ते पर बतियाना यहाँ एक आम रिवाज़ जैसा है। हालाँकि वीकेंड पर दोस्तों के साथ नाश्ते का यह रिवाज़ मैंने लन्दन और कई दूसरे शहरों में भी देखा है, लेकिन नाश्ते का इतना बड़ा स्प्रेड सिर्फ़ यहीं देखा। ईसा ने पूरा स्प्रेड तो नहीं, फिर भी काफ़ी सारा नाश्ता बनाया, वह भी ऑफ़िस जाने से पहले।

जिस इलाक़े में रुकी थी वह पुराना इस्ताम्बुल है। यह एक टूरिस्टी इलाक़ा है और काफ़ी कंजर्वेटिव भी। यहाँ दूसरे दिन जब मैं स्लीवलेस ड्रेस पहनकर निकली तो मुझे महसूस हुआ कि शायद यहाँ के लिए यह सही पहनावा नहीं है। ज़्यादातर औरतें बुर्क़ा या स्कार्फ़ पहने हुए थीं। मैंने भी अपना झीना सा स्कार्फ़ अपनी खुली बाँहों पर डाल ढक लिया ख़ुद को, अब कम्फ़र्टेबल था। हम हमेशा नहीं लड़तीं आसपास से, कई बार लड़ती हैं, और कई बार बस बाँहों पर स्कार्फ़ डालकर आगे बढ़ जाती हैं। आज शहर देखना है। दूसरा दिन है। टाल दी आज लड़ाई, जैसे हम कितनी बार गाँव जाने पर सलवार-सूट-दुपट्टे पहन लेती हैं, और कई बार भिड़ भी जाती हैं कि जीन्स में क्या दिक़्क़त है। यह यूँ ही भिड़ी हुई लड़कियों की नेमतें हैं कि आज कितनी ही जगह भिड़ना नहीं पड़ता, क्योंकि वे कभी वहाँ भिड़ी थीं।

मेरे मुँह में कल के बकलावे का स्वाद अभी तक था तो मैंने उसी दुकान को फिर से ढूँढ़ना चाहा। मुझे याद था कि उस दुकान के पीछे एक बड़ी मस्जिद थी, लेकिन यह लैंडमार्क ऐसा ही था जैसे बनारस में मन्दिर। यहाँ जितने मस्जिद थे, उतनी ही बकलावे की दुकानें। मुझे सुबह से दोपहर और दोपहर से शाम हो गई वह दुकान ढूँढ़ते-ढूँढ़ते। रास्ते में इस्ताम्बुल ग्रैंड बाज़ार के धक्के खाए,

काठ मंडी, शादी-ब्याह के सामान की दुकान, कस्सी-कुल्हाड़ी की दुकान, खाद-बीज की दुकान, तम्बाखू-चा हर चीज़ की दुकान देख ली। एक भी चीज़ नहीं ख़रीदी लेकिन ख़ूब सारी तुर्की चाय पी।

शाम को उन वालंटियर लड़कियों से भी मिली, जिनसे कल मिलने का वादा किया था—सनम और इंशा। सनम ने जीन्स और टी-शर्ट पहनी थी और इंशा ने जीन्स-टी-शर्ट के साथ हिजाब भी पहना था। सत्रह-अठारह साल की होंगी दोनों, कॉलेज में साथ पढ़ती थीं। दोनों दुनिया घूमना चाहती थीं और अभी-अभी अपने आसपास से भिड़ने लगी थीं। सनम कहती है, "बताओ, मेरे चचा कहते हैं कि लड़कियों को घर से बाहर नहीं निकलना चाहिए! उन्हें इतना घर में रहना पसन्द है तो वो बैठें घर में! हम पर क्यों थोपते हैं? बताओ, क्या हम आपसे मिल पातीं जो घर में बैठी रहतीं! मैं तो भिड़ जाती हूँ।" वे हँसते-हँसते अपने छोटे-छोटे विद्रोह शेयर करती हैं।

इंशा कहती है कि अगर उसे किसी से प्यार हुआ तो वह अपनी फ़ैमिली से भिड़ जाएगी। सनम को लगता है कि शादी के लिए वह अपने परिवार वालों की सुनेगी, लेकिन हिजाब अपनी मर्ज़ी से पहनेगी। वह कहती है कि शायद वह कभी भी न पहने। इंशा ने चौदह साल की उम्र में हिजाब पहन लिया था। वह कहती है कि उसे शौक़ था, उसने अपनी मर्ज़ी से पहना।

*

इस्ताम्बुल आधा यूरोप में है, आधा एशिया में, जिसको अलग करता है बोस्फोरस। एशिया साइड नया और मॉडर्न है। वहाँ मॉल्स हैं, ब्रांडेड

दुकानें हैं, चौड़ी सड़कें हैं, बड़े रेस्टोरेंट्स हैं। यह हिस्सा किसी भी मेट्रोपॉलिटन शहर जैसा है। यहाँ कुछ भी ऑरिजिनल नहीं लगता, न इमारतों का आर्किटेक्चर और न ही लोगों का पहनावा। यहाँ की आबादी भी मुस्लिम ही है, लेकिन यहाँ औरतों ने बुर्क़े नहीं पहने थे। सब औरतों का पहनावा 'मॉडर्न' था। बड़ी उम्र की औरतें भी स्कर्ट और ब्लाउज़ पहने थीं। ऐसा लगता ही नहीं था कि यह एक ही शहर है। तो क्या ऑरिजिनैलिटी बरकरार रखने के लिए कट्टर होना पड़ता है? क्या संस्कृति की नींव ही दमन है? क्या लिबरल और कल्चरल एक साथ नहीं हुआ जा सकता? जहाँ ऑरिजिनल कल्चर दिखा, वहाँ साँस लेना मुश्किल लगा और यहाँ साँस है तो बकलावे की ख़ुशबू नहीं है, अज़ान की गूँज नहीं है, बाज़ार की चहलक़दमी नहीं है, चाय की सुड़कियाँ नहीं हैं।

गाँव में अगर घूँघट में साँस लेना सीख लो तो ठीक, वरना 'कल्चर' घूँघट के बिना साँस नहीं लेने देगी। लेकिन क्या घूँघट कल्चर है? मन्दिर-मस्जिद कल्चर हैं? राह चलते फ़ब्तियाँ कसना कल्चर है? बुर्क़ा-हिजाब कल्चर हैं? क्या कोई पहनावा कल्चर हो सकता है? तो फिर दुनिया भर के मर्द एक ही पहनावे में क्यों दिखते हैं—कम्फ़र्टेबल? और औरतें—डिस्कम्फ़र्ट में भी कल्चरल? हज़ारों साल पुरानी पेट्रियार्की की जकड़ को तोड़ें तो तोड़ें कैसे कि ख़ुद भी बचे रहें और दमन का नाश भी हो? शायद सवाल करने से शुरुआत कर सकते हैं...

10

दाग़

मैं पोलैंड आई तो मुझे आउश्विट्ज (Auschwitz) ज़रूर जाना था। यूँ आउश्विट्ज कोई टूरिस्टी जगह नहीं है, फिर भी सैकड़ों लोग रोज़ आते हैं यहाँ। वे देखने आते हैं इनसान का एक ऐसा ख़ौफ़नाक रूप जिस पर, ख़ुद के देखे बिना यक़ीन कर पाना मुश्किल है। यह यक़ीन करना मुश्किल है कि इनसान की क्रूरता इस हद तक पहुँच सकती है। आउश्विट्ज एक ऐसा डिटेंशन कैम्प है जहाँ लाखों यहूदियों को मारा गया। यहाँ इनसानों ने इनसानों को मारा। यहाँ इनसानों ने बच्चों, बूढ़ों, जवानों, औरतों को सिर्फ़ इसलिए मारा क्योंकि उनका धर्म उनसे अलग था।

हिटलर और उसकी नाज़ी सेना ने लाखों मासूमों को मारा। मारा भी कैसे—ज़िन्दा जलाकर, भूखे रखकर, गोलियाँ बरसाकर, खाल उतरवाकर। मौत देने के नए-नए तरीक़े खोजे गए। डॉक्टर थे, साइंटिस्ट थे, इंजीनियर थे, वे सब पढ़े-लिखे इसी काम में लगे थे, मौत के

नए-नए तरीक़े खोजने में। लेकिन वे ऐसा कैसे कर पाए? उन्हें किसी ने रोका क्यों नहीं? यह बात हज़ारों साल पुरानी, आदिकाल की नहीं है। यह पिछली सदी की ही बात है, जब हम अपनी आज़ादी की लड़ाई लड़ रहे थे, यहूदी अपने जीवन के लिए संघर्ष कर रहे थे। न उनके पास कोई देश था, न ज़मीन, न कोई ऐसी जगह जिसे वे घर कह सकें, जहाँ वे महफ़ूज़ महसूस कर सकें।

होलोकॉस्ट के बारे में मैंने सुना था। होलोकॉस्ट का डिक्शनरी में मतलब है सर्वनाश। यह एक ऐसा विध्वंस था, जिसमें साठ लाख मर्दों, औरतों और बच्चों को सिर्फ़ इसलिए मार दिया गया क्योंकि वे एक ख़ास धर्म के थे। ऐसी क्या सनक थी, ऐसा क्या पागलपन था कि इतनी नफ़रत लोगों के मन में घर कर गई कि वे छोटे बच्चों तक को ज़िन्दा जलाने से नहीं काँपे! आउश्विट्ज हमें अपने अन्दर छुपे हैवान के होने का एहसास कराता है। आउश्विट्ज सबूत है कि इनसान का शैतान में बदलना मुमकिन है। आउश्विट्ज एक प्राथना भी है कि हमें समय-समय पर अपने अन्दर झाँक लेना चाहिए।

मैंने ढेर सारे आर्टिकल पढ़े, कई म्यूज़ियम गई, जर्मनी, पोलैंड और बाल्टिक देशों में लोगों से बात की, यह जानने की कोशिश में कि क्यों कोई किसी को सिर्फ़ इसलिए ज़िन्दा जला देगा क्योंकि वह किसी दूसरे धर्म का है, या दूसरी नस्ल का है। ऐसी नफ़रत कैसे पैदा हुई या पैदा की गई? कोई एक इनसान तो साइको किलर हो सकता है, लेकिन पूरा देश और कई पड़ोसी देश मिलकर भी ऐसा कर सकते हैं! ऐसा क्या हुआ कि न मारने वालों को दया आई, न देखने-सुनने वालों को।

हिटलर ने कहा कि यहूदियों को ख़त्म कर दो! वे हमसे अलग हैं! हमारी आर्य नस्ल सर्वश्रेष्ठ है! पूरी दुनिया में सिर्फ़ आर्य बचने चाहिए! जो हमसे अलग हैं, वे हमसे कमतर हैं, वे गन्दे हैं, घटिया हैं! उन्हें इस दुनिया में रहने का कोई अधिकार नहीं है। उन्हें ख़त्म कर दो!

> We are a master race, which must remember that the lowliest German worker is racially and biologically a thousand times more valuable than the population here.
>
> —Erich Koch, 5 March, 1943

'वे' हमसे अलग हैं। हमें 'उनसे' ख़तरा है। यह बात बड़े सिस्टमैटिक तरीक़े से लोगों के मन में बिठाई गई। सबसे पहले यह कहा जाने लगा कि वे बाहर से आए हैं; वे देशभक्त नहीं हो सकते। बर्लिन के नेशनल म्यूज़ियम में मैंने वे पोस्टर देखे जिनमें यहूदियों के चेहरों को बिगाड़कर उन्हें लालची, गन्दे और क्रूर दिखाया और बताया गया है। वे इनसानों के चेहरे नहीं थे, वे लालच, कंजूसी, गन्दगी, क्रूरता और देशद्रोह के चेहरे थे। उन प्रोपेगंडा पोस्टरों में उनकी नाक मोटी, आँखें छोटी, शरीर बेढंगा, नाख़ून लम्बे, गन्दे और पंजों जैसे दिखाए गए हैं। "इनसे सावधान रहो, ये तुम्हारी बेटियों को ले जाएँगे!" "ये आपके पैसे छीन लेंगे!" "ये बीमारियों से भरे हैं, तुम्हे भी बीमार कर देंगे!" जैसे स्लोगन लिखे गए थे उन पोस्टरों पर। इसे कहते हैं 'डीह्यूमनाइज़' करना, दूसरे इनसान को इनसान न समझकर अपने से अलग कोई ऐसी 'चीज़' समझना जिसे चोट पहुँचाने, दर्द देने, मारने तक में हम दूसरी बार न सोचें। जब हम उन्हें मारें तो लगे कि हमने देशद्रोह, लालच और गन्दगी को मारा है किसी इनसान को नहीं।

मारने वाले हज़ारों थे और देखने वाले लाखों! हिटलर का विरोध करने वाली आवाज़ें बहुत कम थीं, और जो थीं वे कभी इकट्ठा होकर एक ताक़तवर विपक्ष नहीं बन पाईं। जब तक सिर्फ़ यहूदियों को मारा जा रहा था बाक़ी सब चुप रहे, लेकिन वह वहाँ नहीं रुका, उसने फिर समलैंगिकों, कैथोलिकों, कम्यूनिस्टों, कैपिटलिस्ट, रोमन जिप्सियों और उन सब आवाज़ों को, जो उसके ख़िलाफ़ थीं मारना शुरू कर दिया। वह बड़ी तेज़ी से जर्मनी के अलावा यूरोप के और देशों में जा पहुँचा और धीरे-धीरे रूस तक भी। वह उन लोगों के घरों तक भी जा पहुँचा जो ख़ुद को सुरक्षित मानते आए थे। वह इंटररेशियल कपल्स को भी निशाना बनाने लगा, जब वह हर तरह की 'अशुद्धता' को अपना शिकार बनाने लगा तब विरोध की आवाज़ें बुलन्द होनी शुरू हुईं, लेकिन तब तक काफ़ी देर हो चुकी थी।

जर्मन लोगों के मन में पहले यह बात बिठाई गई कि वे औरों से बेहतर हैं, उनकी नस्ल औरों से ऊँची है, वे आर्य हैं और उनके अलावा उनके देश में किसी और को रहने का हक़ नहीं है। गोरी चमड़ी, सुनहरे बाल और नीली आँखों वाले लोग सबसे महान हैं। उन्हें बताया गया कि जो 'दूसरे' लोग हैं वे उनसे अलग हैं, उनका खान-पान, रहन-सहन, तौर-तरीक़े, रंग-ढंग, पहनावा, सोचने के तरीक़े, सब उनसे अलग और तुच्छ है। यह देश उनका नहीं है, और उन्हें यहाँ रहने या यहाँ की नागरिकता रखने का कोई हक़ नहीं है। हिटलर जर्मनी का चांसलर बना 1933 में और 1935 में यहूदियों से उनकी नागरिकता छीन ली गई। उन्हें वोट देने का अधिकार नहीं रहा, उन्हें सरकारी नौकरी नहीं मिल सकती थी, उनके बच्चे सरकारी स्कूलों में नहीं पढ़ सकते थे, वे किसी जर्मन से शादी नहीं कर सकते थे।

जर्मन नागरिक होने के नाते जितने भी हक़ उनके थे, सब छीन लिये गए। बुनियादी ह्यूमन राइट्स सिर्फ़ जर्मन नागरिकों को ही मिलते और चूँकि यहूदियों से उनकी नागरिकता छीन ली गई थी, उनसे बुनियादी मानवीय अधिकार भी छीन लिये गए।

उन्हें वहाँ से भगा देने की बातें होने लगीं। उनके घरों पर निशान बनाए गए, उनके पहचान-पत्रों को मार्क किया जाने लगा। उनके पासपोर्ट्स पर 'J' लिखा जाने लगा। उन्हें पीले रंग का एक पट्टा बाजू पर हमेशा बाँधकर रखना पड़ता, ताकि दूर से उनकी पहचान हो सके कि वे 'अलग' हैं। धीरे-धीरे उनकी अलग कॉलोनी बनाई जाने लगी, जहाँ किसी भी तरह की कोई सुविधा नहीं थी। उन्हें राशन भी सीमित मिलता, और उनकी शिक्षा और स्वास्थ्य का भी कोई इन्तज़ाम नहीं था। इसके बाद भी वे रुके नहीं। पहले उन्हें फ़लस्तीन जाने को कहा गया और फिर उन्हें डिटेंशन कैम्पों में भेजा जाने लगा।

कोई भी इनसान जो आर्य नस्ल का नहीं था या नाज़ी विचारधारा का विरोध करता था, उसे गिरफ़्तार कर डिटेंशन कैम्पों में भेजा जाने लगा। फिर हुआ 'फाइनल सॉल्यूशन'। होलोकॉस्ट; जहाँ उन्हें सिर्फ़ जर्मनी ही नहीं पूरी धरती से ख़त्म करने की ठान ली गई।...साठ लाख यहूदियों को क़त्ल कर दिया गया।

*

आउश्विट्ज!*

पोलैंड के क्राको शहर के पास एक कंसंट्रेशन कैम्प था। रोज़

* आउश्विट्ज जैसे कई और भी कॉन्सेंट्रेशन कैम्प थे पूरे यूरोप में।

गाड़ियाँ भर के लोग यहाँ आते हैं। मैं भी एक ग्रुप और गाइड के साथ आई थी। जैसे ही ट्रेन की वह बोगी हमें दिखाई गई, जिसमें रोज़ हज़ारों लोगों को लाया जाता था, मैंने ग्रुप का साथ छोड़ दिया। कैम्प के बाहर एक सिंगल रेल की पटरी बिछाई गई थी, जो ज़िन्दा लोगों को लाती और उनके बालों से भरी बोगियों को वापस ले जाती। उन बालों से ज़िन्दा आदमियों के लिए विग्स बनाई जातीं।

मैं यहाँ इस तैयारी से आई थी कि मैं शायद रोऊँ, चिल्लाऊँ या बेहोश तक हो जाऊँ। मुझे कहा गया था कि अकेले मत रहना कहीं भी वहाँ। ग्रुप के साथ चलना। मैं तैयार थी, लेकिन कैंप में घुसते ही मैं अकेली हो गई, मुझे गाइड की आवाज़ नहीं सुननी थी। मुझे कोई भी आवाज़ नहीं सुननी थी, अपनी भी नहीं। मैं यहाँ पिछत्तर साल पहले वाली आवाज़ें सुनना चाहती थी। उन बच्चों की आवाज़ें जो आ गए थे एक हाथ में कपड़े की गुड़िया थामे और दूसरे में अपनी माँ का आँचल। उन भाई-बहनों की बातें जो एक दूसरे का हाथ पकड़े हुए थे। उन माँओं की आहें जो अपने नवजात शिशुओं को सँभालने में लगी थीं। उन गर्भवती औरतों की आवाज़ें जो कुछ बिछड़ों की तस्वीरें साथ ले आई थीं। उन बूढ़ों की आवाज़ें जो अपने साथ ढेर सारी यादें लाए थे अपने छूटे घरों की और एक-दो बर्तन। उन प्रेमियों की आवाज़ें जो भूले से साथ पटक दिए गए थे।

एक बड़े लोहे के डिब्बे में बन्द ये लोग जब एक-एक-दो-दो हफ़्ते का सफ़र कर यहाँ लाए जाते तो सुन्न से निकलते। इस बिना खिड़की की मालगाड़ी में न कोई बाथरूम था न खाने-पीने की कोई सुविधा। उन्हें नहीं पता होता था कि उन्हें कहाँ लाया गया है। उन्हें यहाँ मारने के लिए लाया गया है, इसका अन्दाज़ा तो उन्हें सपने में

भी नहीं होता था। ट्रेन से उतरते ही उनकी छँटनी होती; कमज़ोर, बीमार, बच्चे और गर्भवती औरतें एक तरफ़ और बाक़ी सब दूसरी तरफ़। दूसरी तरफ़ वाले कैम्प में काम करने भेज दिए जाते। एक तरफ़ वालों को कहा जाता कि उन्हें पहले बाल कटवाकर नहलाया जाएगा और फिर काम के लिए भेजा जाएगा। माँओं और बच्चों के बाल काट, उन्हें एक साथ बिलकुल नग्न, नहाने वाले कमरे में ठूँस दिया जाता। किसे नहीं चाहिए होगा दो हफ़्ते के ऐसे सफ़र के बाद एक गरम शावर। ऊपर फ़व्वारे लगे थे जिनमें से साईनाइड निकलता। छः से दस मिनट में हज़ारों जीवन लाश हो जाते।

मर तो गए लेकिन लाशों का क्या? उन्हें जलाने के लिए बड़ी-बड़ी भट्ठियाँ बनाई गईं। लाशों को चिमनियों में फेंक दिया जाता, लेकिन इतनी सारी लाशें चौबीस घंटे में भी पूरी तरह नहीं जल पाती थीं। तब तक दूसरी मालगाड़ी के आने का समय हो जाता। भट्ठियों से अधजली लाशों को निकाल पास वाले जंगल में फेंक दिया जाता; हर रोज़। मैं ये सब देखती रही, उनके बर्तनों, झोलों और सन्दूक़ों पर लिखे नाम पढ़ती रही। वहाँ की हवा में मौत की गन्ध थी; मैं फिर भी साँस लेती रही।

कैम्प के गेट पर लिखा था, "वर्क विल सेट यू फ्री।" वहाँ उनसे बारह से पन्द्रह घंटे काम कराने के बाद उन्हें आलू का सूप और एक टुकड़ा ब्रेड दिया जाता। उनकी डाइट में किसी तरह का कोई मीठा या फ़ैट नहीं होता था। इस तरह लोग तीन से छः महीने में खप जाते। कहीं वे इकट्ठे न हो जाएँ, इसलिए काम के वक़्त बात करने की मनाही थी, बात करने की सज़ा होती; एक हफ़्ते खड़े रहकर सोना। मैंने उस सज़ा वाले दो फुट चौड़े और छह फुट लम्बे कमरे को देखा था वहाँ।

वहाँ एक कमरा अभी भी बालों और जूतों से भरा रखा है। मुझे उसे देखकर उबकाई आती है, लेकिन मैं फिर भी उसे देखती रहती हूँ। मैं रोती नहीं, वहाँ से भागती भी नहीं। सब कुछ देखती हूँ, एक-एक डिटेल पढ़ती हूँ, सारी तस्वीरें देखती हूँ।

*

मैं क्राको वापस आ गई। मुझे अगले दिन वियना जाना था। मैं बस में बैठी अपने फ़ोन में कल की तस्वीरें देखने लगी। वे दो बच्चे, टोपी लगाए, एक-दूसरे का हाथ पकड़े जा रहे थे...नहाने...

बस चल पड़ी है...
मैं लिखती हूँ...रोती जाती हूँ...
लिखती जाती हूँ...रोती जाती हूँ...
और लिखती हूँ...और रोती हूँ...

चीख़ती हूँ, लेकिन आवाज़ नहीं निकलती...
लिखती हूँ...

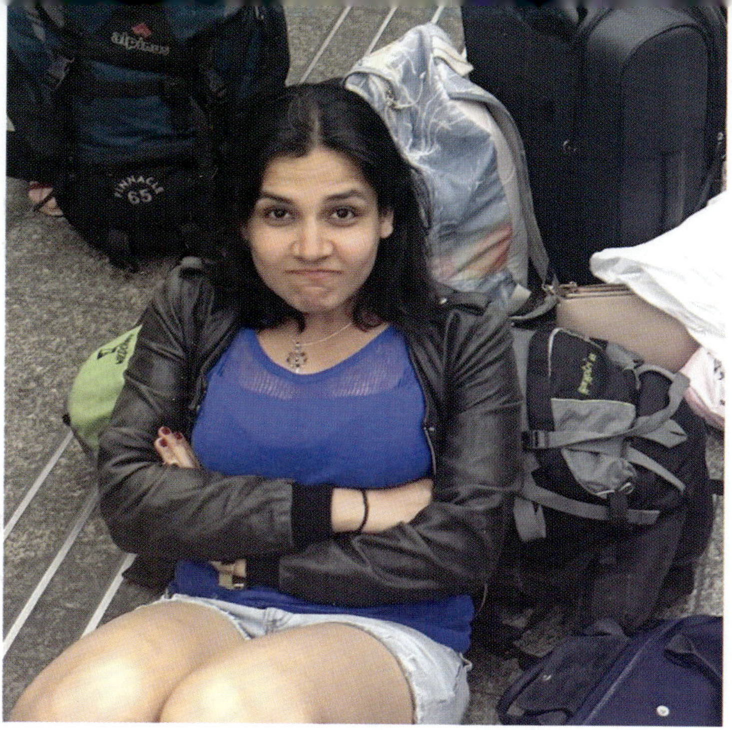
PINNACLE
65

Nordea
WESTERBACK
WESTERBACK

DS
DESIGNERS SATURDAY 5 - 6 SEPTEMBER 2015
Best Western
OHF

EDVARD MUNCH
SKRIK

Bergens
Utgang sentrum
Exit city centre
Venterom
Waiting room

Tidende

Antikt
Brukt
kjøp salg
tleie - bytte
Brukt - Antikk
kjøp - salg - formidling

ANTONIO
STASI
FILM
PRINT
PROSCANNING
PHOTO
POLAROID
FREMKALLING
ANTONIO
STASI
Classic Camera

MAD&VIN